西方古典学研究
编辑委员会

主　编：黄　洋　（复旦大学）
　　　　高峰枫　（北京大学）

编　委：陈　恒　（上海师范大学）
　　　　李　猛　（北京大学）
　　　　刘津瑜　（美国德堡大学）
　　　　刘　玮　（中国人民大学）
　　　　穆启乐　（Fritz-Heiner Mutschler，德国德累斯顿大学；北京大学）
　　　　彭小瑜　（北京大学）
　　　　吴　飞　（北京大学）
　　　　吴天岳　（北京大学）
　　　　徐向东　（浙江大学）
　　　　薛　军　（北京大学）
　　　　晏绍祥　（首都师范大学）
　　　　岳秀坤　（首都师范大学）
　　　　张　强　（东北师范大学）
　　　　张　巍　（复旦大学）

西方古典学研究

前苏格拉底哲学

概念的缘起、发展及其意义

Introduction à la
«philosophie
présocratique»

André Laks, Glenn W. Most

[法]安德列·拉克斯 著 [意]格兰·莫斯特 英译
常旭旻 中译

北京大学出版社
PEKING UNIVERSITY PRESS

著作权合同登记号 图字：01-2021-5087

图书在版编目（CIP）数据

前苏格拉底哲学：概念的缘起、发展及其意义 /（法）安德列·拉克斯著；（意）格兰·莫斯特英译；常旭旻中译. —北京：北京大学出版社，2021.10

（西方古典学研究）

ISBN 978-7-301-32510-0

Ⅰ.①前… Ⅱ.①安… ②格… ③常… Ⅲ.①古希腊罗马哲学–研究 Ⅳ.①B502

中国版本图书馆 CIP 数据核字（2021）第 187008 号

Originally published in France as:
Introduction à la «philosophie présocratique» by André Laks
© PUF/Humensis, 2006
Current Chinese translation rights arranged through Divas International, Paris
巴黎迪法国际版权代理（www.divas-books.com）

书　　　名	前苏格拉底哲学：概念的缘起、发展及其意义 QIAN SUGELADI ZHEXUE: GAINIAN DE YUANQI、FAZHAN JI QI YIYI
著作责任者	[法]安德列·拉克斯（André Laks）著 [意]格兰·莫斯特（Glenn W. Most）英译　常旭旻 中译
责任编辑	张文礼
标准书号	ISBN 978-7-301-32510-0
出版发行	北京大学出版社
地　　　址	北京市海淀区成府路205号　100871
网　　　址	http://www.pup.cn　　新浪微博：@北京大学出版社
电子信箱	pkuwsz@126.com
电　　　话	邮购部 010-62752015　发行部 010-62750672　编辑部 010-62752025
印　刷　者	北京中科印刷有限公司
经　销　者	新华书店
	730 毫米 × 1020 毫米　16 开本　12.75 印张　130 千字 2021 年 10 月第 1 版　2022 年 3 月第 2 次印刷
定　　　价	45.00 元

未经许可，不得以任何方式复制或抄袭本书之部分或全部内容。

版权所有，侵权必究

举报电话：010-62752024　电子信箱：fd@pup.pku.edu.cn

图书如有印装质量问题，请与出版部联系，电话：010-62756370

"西方古典学研究"总序

古典学是西方一门具有悠久传统的学问,初时是以学习和通晓古希腊文和拉丁文为基础,研读和整理古代希腊拉丁文献,阐发其大意。18世纪中后期以来,古典教育成为西方人文教育的核心,古典学逐渐发展成为以多学科的视野和方法全面而深入研究希腊罗马文明的一个现代学科,也是西方知识体系中必不可少的基础人文学科。

在我国,明末即有士人与来华传教士陆续译介希腊拉丁文献,传播西方古典知识。进入20世纪,梁启超、周作人等不遗余力地介绍希腊文明,希冀以希腊之精神改造我们的国民性。鲁迅亦曾撰《斯巴达之魂》,以此呼唤中国的武士精神。20世纪40年代,陈康开创了我国的希腊哲学研究,发出欲使欧美学者以不通汉语为憾的豪言壮语。晚年周作人专事希腊文学译介,罗念生一生献身希腊文学翻译。更晚近,张竹明和王焕生亦致力于希腊和拉丁文学译介。就国内学科分化来看,古典知识基本被分割在文学、历史、哲学这些传统学科之中。20世纪80年代初,我国世界古代史学科的开创者日知(林志纯)先生始倡建立古典学学科。时至今日,古典学作为一门学问已渐为学界所识,其在西学和人文研究中的地位日益凸显。在此背景之下,我们编辑出版这套"西方古典学研究"丛书,希冀它成为古典学学习者和研究者的一个知识与精神的园地。"古典学"一词在西文中固无歧义，但在中文中可包含多重意思。丛书取"西方古典学"之名，是为避免中文语境中的歧义。

收入本丛书的著述大体包括以下几类：一是我国学者的研究成果。近年来国内开始出现一批严肃的西方古典学研究者，尤其是立志于从事西方古典学研究的青年学子。他们具有国际学术视野，其研究往往大胆而独具见解，代表了我国西方古典学研究的前沿水平和发展方向。二是国外学者的研究论著。我们选择翻译出版在一些重要领域或是重要问题上反映国外最新研究取向的论著，希望为国内研究者和学习者提供一定的指引。三是西方古典学研习者亟需的书籍，包括一些工具书和部分不常见的英译西方古典文献汇编。对这类书，我们采取影印原著的方式予以出版。四是关系到西方古典学学科基础建设的著述，尤其是西方古典文献的汉文译注。收入这类的著述要求直接从古希腊文和拉丁文原文译出，且译者要有研究基础，在翻译的同时做研究性评注。这是一项长远的事业，非经几代人的努力不能见成效，但又是亟需的学术积累。我们希望能从细小处着手，为这一项事业添砖加瓦。无论哪一类著述，我们在收入时都将以学术品质为要，倡导严谨、踏实、审慎的学风。

我们希望，这套丛书能够引领读者走进古希腊罗马文明的世界，也盼望西方古典学研习者共同关心、浇灌这片精神的园地，使之呈现常绿的景色。

"西方古典学研究"编委会

2013 年 7 月

目 录

中译说明   I

中译本序言   III

英译本前言   V

第一章　前苏格拉底思想家：古代的先行者   1

第二章　前苏格拉底思想家：现代群星   33

第三章　哲　学   60

第四章　理　性   89

第五章　起　源   113

第六章　攸关何在？   131

参考文献   159

索　引   179

译后记   186

中译说明

本书英译本的注释均为书末注，中译本全部改为页下脚注。

正文和脚注讨论里的西方语言人名、著作名、期刊名、术语以及"缩略语"全部翻译为中文，但为简明起见，脚注中的参考文献、作者等信息均保留原文，书末索引提供了著作名、期刊名、人名的中译文。英译本注释中的参考文献，均在其所采用的最新版年代之前于括号内注明之前版本年代，如 Burckhardt（1898/1902）1977，中译本全部改为在括号中标识，如 Burckhardt（1898/1902/1977）。对于正文出现的一些近代学者，在其名字后于正文中附注了简介。所有英译文中以斜体表示强调的字词，中译文都以黑体来标识。

英译本注释中标识的原书页码，中译本一仍其旧，请参看中译本边码。

本书对前苏格拉底思想家残篇的标识，使用了第尔斯编码和拉克斯主编洛布版《早期希腊哲学》编码这两种形式。例如 Pherecydes 7 B1 DK = D5 LM，即指斐瑞居德的残篇，出自第尔斯《前苏格拉底思想家残篇》，编码标识为 DK，斐瑞居德在该书中编号为 7，B1

即为其本人真实残篇第 1 篇。LM 为洛布版《早期希腊哲学》两位编纂者拉克斯和莫斯特二人的姓氏首字母合写,D5 即为斐瑞居德残篇第 5 篇。

中译本序言

"前苏格拉底哲学"是一个方便的表达方式,即便情况许可,我这本书也并不想换掉这个名称。尽管本书确实建议在某些语境下使用引号来标记这一术语,或者说更稳妥的话,如同莫斯特和我本人在2016年出版的"洛布"版《早期希腊哲学》那样,干脆将早期希腊哲学家们称为"思想家",而且在那套书里我们还为苏格拉底留出了专门一章。当然,即使"思想家"这个词也是成问题的,因为在那些我们通常不会称之为哲学作品的文献——比如悲剧——当中,也可以找到很多思想。真正重要的问题是我们要看到,"前苏格拉底哲学"这一表述依赖于一个双重假设:首先,从公元前6世纪的希腊开始,出现了某种思想潮流,我们可以回溯性地将其称为"哲学的",因为最终它导致了一门新学科的形成,而这门新学科就是哲学。其次,苏格拉底代表了这段历史中的一个决定性分野。这两种假设可能都是成立的,但我们应该弄清楚,它们的意义和影响究竟何在?这不仅仅是为了让我们不至于被人为的历史时代划分诱导,而且更重要的是因为,"前苏格拉底"和"哲学"这两个术语的使用，都关系到至关重要的哲学史编纂问题和哲学问题。进而，这些问题与人们如何考察哲学学科在希腊的起源紧密相关——因为哲学的起源可能并不只有这一种方式；或者更具体地说，哲学的起源与当下的我们密切相关。这也就是本书结尾一章"攸关何在？"（What is at stake?）中的想法，它为此前的整个历史探索和概念探究厘清了方向。但是这个视角依然有其局限，因为我们的考察攸关西方哲学，这个视角从其自身内部出发，最终指向的其实是比较研究的问题：它的必要性、它的可能性条件，以及它的目标。与我在 2006 年出版本书法文原版时相比，这个问题目下变得更为紧迫。这也就是，为什么我非常感谢常旭旻教授能够动念准备这个中译本。我希望中译本能够继续推动其中进行的讨论，这也是问题攸关所在的一部分——反思我们该如何理解其中的诸多异同，以及如何与它们相处。

安德列·拉克斯

2021 年 4 月

英译本前言

本书的法文原版出版于2006年，题为《"前苏格拉底哲学"导论》。这次的英文版我做了稍许修订，主要是删除了一些明显的错讹与不太恰切的表述，更新了参考文献。正如书名所示，这部小册子是为了解释，到底因为何种思想氛围，我们才得以将一个松散的早期希腊思想家群体置于"前苏格拉底哲学家"（Presocratic philosophers）这一标签之下，或者更为简明地将之仅仅称为"前苏格拉底者"（Presocratics）？* 但是首先，这些我们称之为前苏格拉底者的思想家们并不把自己当作这类人，其原因甚至比新柏拉图主义者并不认为自己是新柏拉图主义的原因更激进：苏格拉底并不是一个区分他们的坐标点。苏格拉底最多算是他们的同代人——事实上，在某些情况下，还是稍年轻一点的同

---

* Presocratic 作为一个被创造的术语，现在已经专门指称那些哲学上或者一般思想上对希腊哲学或者思想做出贡献的早期希腊思想家，他们大部分生活在苏格拉底之前，思考方式和内容与苏格拉底之后的哲学家不同。"前苏格拉底者"的说法在现代汉语里不是那么通行，因此后面不论 Presocratic 还是 Presocratics，本书皆译为"前苏格拉底"或者"前苏格拉底思想家"，不再一一注明。——译者注

代人。直到更晚一些时候，也就是包括"前苏格拉底哲学"这个标签在内的时代末期，这些思想家才开始被称作"哲学家"。但是，即使仅仅只是为了回溯前苏格拉底哲学家们何以是哲学家，而且是前苏格拉底者，也值得追问他们到底是如何成为"前苏格拉底哲学家"的。这不仅是为了澄清此标签何以被建构出来，而且也是为了追问这个标签具有多大程度的合法性。后一个追问可以解释为何我不愿意使用"发明"这一说法，因为它显得太过随意了。

上述这种语义探究的重要性显然与如下事实相关，当我们谈及前苏格拉底哲学家的时候，我们谈论的是希腊哲学的起源，也即西方理性精神的起源。这也可以澄清本书的结构。第一章和第二章分别对"前苏格拉底哲学"这个短语在古代和现代的使用进行类型学质疑，揭示潜藏于这个标签下的各种基础意涵，进而在第三章讨论"哲学"在当下语境中的意义，第四章讨论"理性"问题，第五章讨论"起源"这个根本概念。最后在第六章以对照伽达默尔和卡西尔两种哲学历史编纂学的哲学范式作结，前者代表了现象学传统，后者则代表了理性传统。尽管我个人明显倾向于后者的范式，但我不会在这里声言任何研究都可以免于批评，不管是针对以上两者中的哪一种，也无论是就他们的一般立场还是特定运用而言。

本书凡引用前苏格拉底作者的残篇，尽可能使用两个版本的索引，一个是赫尔曼·第尔斯与沃尔特·克兰茨编纂的《前苏格拉底思想家残篇》[1]，标识为 DK；另一个是格伦·W. 莫斯特和我最近共同编辑完成的洛布版九卷本《早期希腊哲学》[2]，标识为 LM。本书引用的其他著作和研究文献，仅在注释里注明作者名字及其出版日期，完整文献信息参见书后所附文献列表。某些文献在圆括号内标注的第二种日期，是该文献的首版时间。本书所引用的古希腊文本的译文，要么出自莫斯特和我出版的洛布版《早期希腊哲学》，要么由莫斯特翻译。莫斯特还负责翻译了本书中出现的所有现代欧洲语言文字，除非它们还没有现成的翻译。

莫斯特此前向我提议，这本小册子如果出版英译本将会有其益处，因为相较于盎格鲁－撒克逊传统而言，本书更多涉及的是所谓欧陆传统，于是他自告奋勇将其翻译出来。衷心感谢他的提议和工作。同时也希望向普林斯顿大学出版社的审稿人和负责本书的编辑本·塔特（Ben Tate）表达我的谢意，让这个译本得以面世。

---

[1] Hermann Diels & Walter Kranz, *Die Fragmente der Vorsokratiker*, 6th edition, Berlin, 1951-1952.

[2] André Laks & Glenn W. Most, *Early Greek Philosophy,* Loeb Classical Library, 9 volumes, *Cambridge,* MA, 2016.

第一章　前苏格拉底思想家：古代的先行者

"前苏格拉底"（Presocratic）这个术语是一个现代产物，迄今发现的最早证据见于埃伯哈德（J. A. Eberhard）（他是康德发出的一封著名信件的收信人）在1788年出版的一本《哲学通史手册》，其中一节冠以"前苏格拉底哲学"（vorsokratische Philosophie）之名。[1] 但是，将苏格拉底与其前人之间的区别比作音律休止或者停顿的观念可以追溯到古代。为了理解围绕前苏格拉底思想家展开的现代争论，我们不得不回到那些古代的前苏格拉底人士，依照常例，我认为他们指代的是"苏格拉底之前的人们"（pre-Socratics，首字母小写，并加连字符），如此可以将他们与"前苏格拉底思想家"（Presocratics）区别开来。虽然前苏格拉底人士对"前苏格拉底思想家"这一历史编纂学范畴的创造有其贡献，但他们并不能被完全纳入这一范畴。不可否认，二者间具有相似之处，使得"前苏格拉底人士"就是现代意义上所谓"前苏格拉底思想家"的自然先驱者，但事实上这两个群体之间的差异极其鲜

---

[1] Eberhard (1788/1796), 47. 这一引证出自Paquet，载Paquet和Lafrance 1995, 26。

明，特别是就二者的本色当行而言。

古人有两种方式来构想苏格拉底之前和之后的分界线：一种是苏格拉底为了**人**之哲学而放弃了**自然**哲学（这是我称作苏格拉底－西塞罗式的观点，色诺芬也可以算在内），另一种是他从事物之哲学转向概念之哲学（这是柏拉图－亚里士多德式的传统）。虽然柏拉图的《斐多》（这个文本对前苏格拉底思想家的后世流传具有复杂而决定性的意义）在这两种传统中构架了一座桥梁，但二者不仅在主旨上殊途，而且在效果史上差异更大。前者只是将某种界线的断裂主题化了，相反，后者则将一种更深层的绵延脉络昭然于众，此绵延性已经超越了那种界线。这种不对称性不仅能够而且实际上已经通过不同方式得以条分缕析，对于我们理解前苏格拉底思想家的现代命运至关重要。对其前提条件和推论稍作检视不无裨益。

就其起源而言，苏格拉底－西塞罗传统与苏格拉底的审判（公元前399年）密切相关。在审判中，苏格拉底为了回应各种指控当中的不敬神这个责难，将自己与自公元前430年开始以"探究自然"（*peri phuseôs historia*）为名的事业切割开来。

《斐多》强烈主张，在该对话描写的戏剧性日子里——应该就是苏格拉底去世的那一天，"探究自然"这个表述依然被当作一种技术性表达。即使在大约十五年后创作这个对话的时期，我们也不能排除这种想法可能依然如故。因为《斐多》中的苏格拉底说，当他年轻的时候，他"对那种**被称作**探究自然的智慧无比渴望"，他所追慕的智慧能给他带来"每个事物的原因，为什么每个事物会产生，为什么会消亡，为什么会存在"等知识。[2] "被称作"作为特定说法指出了"探究自然"这一表达的新颖性，而不仅只是为了指明这个事业本身。

事实上，现存文献中提到"探究自然"这类说法的文字都不早于公元前 5 世纪的最后三十几年。也正是在此前后，"论自然"的标题开始流行，很明显这并非偶然；而且在某些情况下，它甚至被时代倒错地被安放到某些更为古老的这种类型或者说被认为属于此类型的作品上去。[3]

在希波克拉底学派（Hippocratic）的著作《论古代医学》(*On Ancient Medicine*)的第 20 章，碰巧是第一次提出了哲学(*philosophia*)这个抽象术语[4]。作为一位主张传统方法的医学叙述者，这个论著的作者与其他那些"论自然"的著作保持着距离，

---

[2] Plato, *Phaedo* 96a; 另请参看 LM 第七卷苏格拉底部分。

[3] "因为古人的所有作品都被冠以'论自然'的题名，包括麦里梭（Melissus）、巴门尼德（Parmenides）、恩培多克勒（Empedocles）、阿尔克迈翁（Alcmaeon），还有高尔吉亚（Gorgias）、普罗迪柯（Prodicus），以及所有其他作者。"出自盖伦（Galen），《依据希波克拉底论诸元素》(*On the Elements according to Hippocrates*) 1.9（p. 134, 16–19/De Lacy = 24 A2 DK, LM 第二卷阿尔克迈翁部分）。有关"论自然"这个标题的历史，参看 Schmalzriedt 1970。

[4] 参看本书边码 45—47 页。

因为他认为这些著作采用的预设（或者说"假说"）太过思辨，从而与医学探究形成了对比，而后者才是有关人类自然之知识的唯一合法来源：[5]

> 但是他们谈论的东西都属于哲学，就像恩培多克勒或其他人那样写下对自然的论述：人从一开始是什么？他最初如何出现？他由什么东西构成？但对我来说，我认为，无论那些专家（*sophistês*）或学者关于自然写下了什么，说出了什么，都更像是绘画的技艺，而不像是属于医学技艺[6]；此外，我以为，要想获得对自然的清楚知识，没有任何其他来源能够比得上医学……要我说，只有这个研究领域（*tautên tên historiên*）才真正知道，一个人是什么，从何因由而来，以及其他一切。[7]

还有一段文字，是欧里庇得斯（Euripides）的一个残篇，学

---

[5] 这本著作的撰述年份一直都是学者们争论的话题，参看 Schiefsky 2005, 63—64 页，以及 Jouanna 1990, 85 页做出的结论。这里提到的恩培多克勒，不仅提供了"事后"（*post quem*）这个时间节点术语，而且也引出了前述话题。

[6] 有关"专家"（sophist）这个术语，参看本书边码 47—48 页；有关哲学技艺和图像技艺之间的比较，参看本书 46 页。译者补注：sophist 在特指早期希腊的一类思想家时，中文学界一般译为"智者"，但本书这里通常都并不指代该类思想家，英译文也将此种 sophist 译作 expert，因此本中译本从其译作"专家"。

[7] 参看 31A71DK，医学部分，7b；以及 LM 的恩培多克勒 56。

者们倾向于将其归属于一部失传的悲剧《安提俄珀》(*Antiope*)，此悲剧因叙述了一场古代的著名辩论而为人熟知，即安菲翁（Amphion）和泽图斯（Zethus）两兄弟关于音乐的效用与价值的争辩，并由此延伸到关于智识的研究：

> [歌队] 快乐的人儿，已然获取
> **源自探究的知识** [*tês historias ... mathêsin*]。
> 冀不招致困扰于邦民
> 亦不行不义之举。
> **但观不朽自然之**
> **永世秩序，在何方、**
> **以何法、如何而成。**
> 绝不似近旁那些行
> 可耻行径之人。[8]

第三段文字出自一系列不知作者何人、名为《对反论辩》

---

[8] 残篇 Fr. 910 (59A30DK, DRAM. T43aLM)。柏拉图在其 *Gorgias*（484e, 485e, 489e）中也提及了这个争辩，只不过发生在苏格拉底和卡利克勒（Callicles）之间。有关该残篇的出处，参看 Kambitsis 1972, 130 页。这个悲剧的写作一般认为在公元前 5 世纪的最后十年（Kambitsis 1972, XXXIs）。就其格律而言，Jouan 和 Van Looy (2002, 220-221) 则认为会更早一些，大约在公元前 437 年到公元前 419 年之间。

(*Dissoi Logoi*)* 的辩证论辩：

> 我认为以下能力属于同一类人和同一种技艺，能够简明商讨，知道事物真相，正确决断法律案件，能够向公众发表演讲，通晓演讲艺术，能够传授万物本性（nature）**，包括它们的现状与起源。[9]

从这三段文字来看，它们不仅回应了《斐多》中的这段话，而且互相呼应。从中我们发现，"对自然的探究"包含了两个基本特点。一方面，它直接指向了一个总体（都事关"万物"或者"整体"）。另一方面，它采用了一种完全的谱系学视角，即通过从**源头**（origins）开始追溯事物的发展历程来解释该事物的现状。

经历了一系列快速结晶的阶段，人们很容易发现在这个发展过程的尽头，书写"万物本性"篇章的作者们终于变成了"自然哲学家"，也就是亚里士多德径直称为"自然学者"的那些思

---

* 汪子嵩等著《希腊哲学史》（第二卷）将 Dissoi Logoi 译为"双重论证"，并解释了该文本属于后期智者的文献，具体内容是关于任何一个事情，都可以做出结论矛盾对立但都为真的两组相反论辩，也即正题和反题，类似于康德的"二律背反"，体现了智者所谓诡辩的辩证论辩特征。因此译者将该文献的题名译为《对反论辩》。——译者注

** 在谈论事物的 nature 而非单独讨论 nature 这一术语之时，本译文一般均译作"本性"，下同，不再一一注明。——译者注

[9] *Dissoi Logoi*（90DK = DISS. LM）§ 8.1. 我对此文本的时代持传统观点，不过 Burnyeat (1998) 认为这个文本是一个皮浪主义者的习作，可能更为晚出，大约在公元前 4 世纪下半叶。

想家。[10]《回忆苏格拉底》中的一段文字与《斐多》中的一段遥相呼应，色诺芬在为苏格拉底辩护时仍然求助于一种全面的表达——我们稍后还将回到这一辩护，他坚持认为，"苏格拉底从来没有像大多数其他人那样，论述万物的本性 [peri tês tôn pantôn phuseôs]，探查专家们称之为'世界秩序'[hopôs ho kaloumenos hupo tôn sophistôn kosmos ekhei] 的条件，以及每一种天象经由什么样的必然性而发生"[11]。柏拉图的《吕西斯》提到了"总体"（totality），只不过是由另外一个术语 holon 来命名，这个希腊语词可以用来指称诸多事物的一个总体，但是与"自然"区别开来：苏格拉底说贤人们和荷马一样，也认为"相像的东西总是相像者的朋友"，他们"都在谈论和书写自然和万有（the whole）"（hoi peri phuseôs te kai tou holou dialegomenoi kai graphontes）。[12] 但是在《斐多》之后，"自然"这一术语开始用来表述整体。苏格拉底在《斐莱布》中询问，"如果有人认为自己是在对自然进行研究 [peri phuseôs...zêtein]，你知道他们真的是终其一生都在研究与这个世界有关的东西，它如何产生，如何被影响，如何运转吗？[ta

---

[10] hoi phusikoi 在英文里并没有合适的对应词，我更愿意使用"自然学者"（naturalists），而非"物理学者"（physicians）或者"物理学家"（physicists）。"自然学者"造成的误导相对更轻微一些。但是无论如何，我们都无法回避，hoi phusikoi 研究的领域就是"物理学"（physics）。

[11] 参看 Xenophon, *Memorabilia* 1.1.11。"世界"（kosmos）在此也是作为一个技术性表达出现，正如 ho kaloumenos kosmos 这个表达式表明的，这一人类将世界作为自己的研究对象。

[12] 参看 Plato, *Lysis* 214a-b。尽管这一表述很可能是一种重言修辞。

peri ton kosmon tonde, hopê te gegonen kai hopê paskhei kai hopê poiei]"[13] "自然"这一术语的变形被用于更多的精细表达,最终使其迈进了亚里士多德将其名词化的门槛,他频繁地使用了几个同义词,例如"论说自然的作者"(hoi peri phuseôs),"自然学者"(hoi phusikoi),有时候也使用"博物学者"(hoi phusiologoi)。[14]

事实上,前苏格拉底思想家的作品一脉相承都符合上述描述,最早的基本框架或许可以回溯到阿那克西曼德(Anaximander)。[15]他讲述的是宇宙及其组成部分的一般发展史,从其开端直至一个边界,这个边界看起来很可能会超越这个世界的现存状态,构成这个世界毁灭的那一刻。因此,与简单的宇宙生成论相比,不如更准确地将其表述为"世界—生成—消亡"(cosmo-go-no-phthorias)。这套叙事包含了一些数目有限、可以说是不可或缺的元素。从阿那克西曼德到费洛劳斯(Philolaus)和德谟克里特(Democritus),再到阿那克西美尼(Anaximenes)、巴门尼德诗篇的第二部分、恩培多克勒、阿那克萨戈拉(Anaxagoras)、阿波罗

---

[13] 参看 Plato, *Philebus* 59a。不过我们可以在 *Timaeus* 47a 找到更为细致的表述:*hê peri tês tou pantos phuseôs zêtêsis*。

[14] 这些引文可以在 Bonitz 的 *Index Aristotelicus*(《亚里士多德引得》)中找到。*hoi peri phuseôs*, 838b26ff.; *phusiologoi*, 835b40ff.; *hoi phusikoi*, 835b3ff.。

[15] 参看 Kahn 的经典研究《阿那克西曼德与希腊宇宙论的起源》(*Anaximander and the Origins of Greek Cosmology*, 1960/1994)。有充分理由表明泰勒斯的想法并未体现这种系统化的特征。

尼亚的第欧根尼（Diogenes of Apollonia），还有其他一些不太重要的人物，"论自然"这个宏大叙事涵盖了对宇宙、天体和地球形成方式的一种解释，包含那些很早以前就出现的对非常技术化或者专业化问题的讨论，例如天地区域的划分、两极倾角、天体的距离和体量、月球的亮度、天气和地表现象、降雨和冰雹、地震与潮汐、生物的起源及其繁殖、胚胎的性别分化、生命体的生理机制、睡眠和死亡、感觉和思维等等，以及某些情况下生命物在社会中的发展。简言之，"论自然"就是一门宇宙生成论和一门宇宙论，一门胚胎学和一门动物学，一门人类学和一门生理学（在现代学科意义上的术语），在某种情况下这也就绵延成为一部人类文明史。[16]

除了这些讨论复杂整体的文本，还有一些古代文献保留了宇宙论领域的核心主题，谈到了"气象学"和"气象学家"。因为在亚里士多德区分月上世界和月下世界之前，一般只是将 meteôra 限定在"天气"现象领域，meteôra 一词指的是"高空"发生的任何现象，通过提喻手法代表了所有对自然进行的探究。在《普罗泰戈拉》的开场白中，听众向智者希庇亚斯（Hippias）提出了"一

---

[16] 纳达夫（Naddaf）认为，关于人类文明发展的叙述从一开始就是书写体裁的一部分（参见2005年，28-29，112）；对此我并没有看到决定性的证据；相反，这种叙述只是一种可选择的演化，其范式是自然而然地才获得其权威性。

堆关于自然和天体现象 [meteôra] 的天象学问题"[17]。而与"天象"相区别,希波克拉底学派另一部论著《血肉》(*Fleshes*)的作者则将医学领域从自然学者的研究当中划分出来,在这一点上他与《论古代医学》的作者相反:

> 关于天体现象 [*peri tôn meteôrôn*],我没有什么好说的,除非我要指出它们与人类和其他动物有什么关系——它们如何由自然而出生,又如何存在,灵魂是什么,什么是健康的,什么是有病患的,什么是人的好坏状况,人的死亡因何而来。[18]

苏格拉底在《斐多》中列举了一系列在他年少之时也为之深深吸引的问题,但很明显,这些问题也脱胎于自然学者在其总体思路框架内讨论的主题:

> 是否如某些人所说的那样,当热和冷导致发酵,生命物就得到了滋养?我们是靠血液思考,还是空气,或者火,抑或这些都不是,而是大脑提供了我们的听觉、视觉还有嗅觉,从中才产生了记忆和意见?当记忆和意见达到一种稳定

---

[17] Plato, *Protagoras* 315c5–6.
[18] Hippocrates, *Fleshes* 1.2.

状态时，是否才从中产生了知识？继而，当我研究这些进程的消亡时，实际上我也就研究天地发生了什么。[19]

值得注意的是，苏格拉底提到的这些主题特别相关于生理学知识，从一开始苏格拉底就对认识论范围的问题更感兴趣，而不是为了描述世界的构造，至少看似如此。自然主义诞生于公元前6世纪的伊奥尼亚，特别是在米利都，并由阿那克萨戈拉引入雅典，他大约在公元前456/前455年应伯里克利（Pericles）之邀成为他的门客。[20] 但是在雅典，自然主义很快就成为让公众疑窦丛生的话题。欧里庇得斯的另一个戏剧残篇就反映了这种流行的氛围，与安菲翁在《安提俄珀》中对研究生活的赞美不同，这个不为人知的剧作采取了相反的立场：

谁在观照这些事物之际，不是从教导
其灵魂去想象神灵而始呢，
而且，要远离那些人的不实虚言，他们这些人说什么在研究天际，
那些人搬弄口舌妄言猜度那不可见的事情

---

[19] Plato, *Phaedo* 96b1–c1 (cf. SOCR. D7 LM).

[20] 这里我采信 Mansfeld 1979, 55—57 页及其 1980, 87—88 页确定的年代。

却不分享那已有的决断？[21]

关于气象学到底无害还是有害的争论，根本就不是理论之争。自公元前438/前437年起，狄欧皮赛斯（Diopeithes）的法令裁定那些忙于研究"上天"事务的人们将以不虔诚的罪名而被指控。第二年阿那克萨戈拉就成为第一个受害者，因为他一直坚称天体不过是燃烧的石头，当然背后的真正矛头指向其实是伯里克利。阿波罗尼亚的第欧根尼在几年后可能也遭到了正式指控，尽管这个事件还存在争议。[22] 看起来奇怪的是，如果苏格拉底被怀疑与自然学者一样保有对宇宙运转机制的好奇心，并由此产生了不虔敬，那么根据柏拉图的《苏格拉底的申辩》以及色诺芬的《回忆苏格拉底》，这种指控与我们对苏格拉底的印象相差甚远。阿里斯托芬的《云》是将两种形象联系起来的关键文献，这部戏剧首演于公元前423年，《苏格拉底的申辩》将之称为对苏格拉底的第一次真正攻击，离公元前399年苏格拉底接受审判还

---

[21] Fr. 913 Kannicht (59A20 DK = DRAM. T43bLM); **黑体**为本书作者添加。

[22] 我们关于这个事件的唯一信息来源，是第欧根尼·拉尔修的《名哲言行录》（*Lives of Eminent Philosophers 9.57*）；但这段文字也可以被解读为谈论的哲学家是阿那克萨戈拉，而并非第欧根尼。参看 Laks 2008a, 111—112 页，近来对这种解读的一个辩护可以参看 Fazzo 2009, 162 页及其注释6。

有二十五年。[23]

事实上,《云》已经预见到了苏格拉底不得不回应的两项指控——腐蚀青年,将未知的神引入城邦,向我们展示了苏格拉底既是一个能够将论证由"弱"变"强"的"智者",与此同时又是一个"自然哲学家",他从阿波罗尼亚的第欧根尼的学说中,极尽能事地网罗各种细枝末节,悬于一筐,向世人絮叨。而第欧根尼也一直认为,越高之处的空气越发干燥,而其带来的智慧也更可观。[24]

《申辩》对给苏格拉底做出的如此混搭[25]提出了谴责,认为纯粹是诽谤的产物,从未有人听到苏格拉底谈论"地下天上的东西"。[26]色诺芬的《回忆苏格拉底》也说:"没人见过苏格拉底做任何不虔敬的事情,或者听到他说什么亵渎宗教的话。因为他不像大多数其他人那样,对万物的本性做出论述,也不研究智者

---

[23] Plato, *Apology of Socrates* 18a-b, 19a-c。关于阿里斯托芬的《云》如何表现苏格拉底与前苏格拉底哲学家,参看 Laks and Saetta-Cottone 2013。

[24] Aristophanes, *Clouds* 225–36。Diels(1881/1969) 最先指明,《云》里的苏格拉底谈论的都是第欧根尼的话语,另见 Vander Waerdt 1994, 61。也有学者对此解读提出批评,并主张苏格拉底援引的是阿基劳斯(Archelaus),因为后者毋庸置疑也待在雅典,当然第欧根尼也是如此(本章注 22),参看 Fazzo 2009; 以及 Betegh 2013, 94–95。

[25] 在其晚期的《法律》第十卷,柏拉图对无神论做出了颇负盛名的驳斥(889b1-890a10),在此驳斥框架内为这种混搭提出了令人印象深刻的理论辩护,而且显然与苏格拉底拉开了距离。

[26] Plato, *Apology* 19c. 参看 Aristophanes, *Clouds* 180–95。

称为'世界秩序'[kosmos]的那种状态，以及各种天象依据什么样的必然性而发生。"[27] 所以，苏格拉底远不像自然学者们那样插手"神圣事物"，而是坚决将其兴趣指向"人类事务"（*ta anthrôpina*），即人类的善与美德的实践。无论是在色诺芬的回忆录还是在柏拉图的《申辩》当中，苏格拉底都被呈现为有史以来第一个"人文主义者"的形象，这种人文主义坚决拒斥一切自然哲学的思辨，从而将自己区别开来。这也就是我们已经说过的，用一种更为传统但又不那么显而易见的方式，形成了一个证据确凿的标准图景，据此苏格拉底不以自然哲学，而是以伦理学展现自身。[28]

前苏格拉底"自然主义"与苏格拉底"人文主义"形成的简单而具修辞作用的对立，首先在两种智识取向之间标明了其类型学差异。但它也为一种历史编纂学的解释开辟了道路，依照这种解释，一种取向**紧随**另一种取向而来。与《申辩》或《回忆苏格拉底》相比，《斐多》为苏格拉底与古代自然哲学之间的关系描绘了一个更为复杂的形象，它认为《申辩》和《回忆苏格拉底》出于可以理解的原因而极力不提这样的事实：苏格拉底本人在早年也经历了一

---

[27] 1.1.11. (cf. SOCR. D3 LM).

[28] Diogenes Laertius, *Lives of Eminent Philosophers* 1.18; 2.16; 2.20–21.

个自然学者的阶段。《斐多》对这种解释深以为然。我们可以看到这样一段话:"当我自己还年轻的时候,我极力渴望获得他们称之为探究自然的那种智慧。因为在我看来那该是多么精彩,知道每一种事物的原因,每一种事物为什么会产生,为什么会消亡,为什么会存在。"[29] 学述(doxography)传统为这一说法提供了更为精准的轮廓,把苏格拉底作为阿基劳斯的弟子,而阿基劳斯本身就是一位自然哲学家,荫庇于阿那克萨戈拉的影响范围之内,但据说他也处理过伦理问题,而后面这个角色或许也是为了便于理解如何形成转换。[30]

柏拉图完全可能有充分的理由来做出一个传记式的虚构。[31] 但是,认为苏格拉底曾经长于自然哲学的想法并非没有可信度,不仅从其自身角度来看是这样,因为人总得从某个地方出发;而且也让我们更好理解,为何阿里斯托芬让苏格拉底的嘴里说出典型的自然哲学言论。公元前 423 年苏格拉底已经四十六岁,而他之所以为人称道,是因为虽然他过去是那样的一个人,但当时他肯定已经不再推想那些天象学或生理学的现象了。无论如何,从

---

[29] 参看 Plato, *Phaedo, 96a6–9.* 以及本章注释 19。

[30] Diogenes Laertius, *Lives of Eminent Philosophers 2.16.* Vander Waerdt (1994, 61) 相信阿里斯托芬的说法,认为苏格拉底曾经是阿波罗尼亚的第欧根尼的追随者。

[31] 一个典型的例证就是他在《巴门尼德》当中为老年巴门尼德和年少的苏格拉底安排了一次会面。

前苏格拉底的历史发展角度来看，重点是《斐多》中的苏格拉底已经不再从事自然哲学的思辨，这不仅是因为这种思辨已经外在于他，而且特别是因为他也将自己与自然哲学完全分离开来了。后来的哲学史将要区分开的两个思想史时代——苏格拉底之前和之后——已经根植于苏格拉底自己这个人生命的两个时代，他在成为他自己之前，曾经从事过自然哲学。

如果不拘于纪传考虑，对"前苏格拉底"一词的准历史编纂学使用，有充分证据表明是出自西塞罗《图斯库路姆论辩集》（*Tusculan Disputations*）的第五卷序言，因其传布范围广，且明显文风简明质朴，很可能对现代"前苏格拉底"概念的构成产生的影响是最大的。

这篇序言极力赞颂作为实践哲学的哲学。不仅是因为哲学断言美德足以带来幸福，因西塞罗创作这部作品时正处于特别困难的境况下，但他从中发现了自己，这使得他完全有理由做出这种赞颂；而且，哲学也是人类所享有的一切福报的源泉。因为正是受惠于哲学，人类才得以塑造城邦，获得政治生活预设所需的一切社会、文化、法律和道德纽带。[32] 只有未经开化的人才懵懂无

---

[32] Cicero, *Tusculan Disputations* 5.5.

知,"最初搭建人类生活的人正是哲学家"[33]。在这样的视角下,哲学史与文明史相伴相生。

西塞罗区分了三个阶段。在社会发展的第一个原始阶段,虽然存在哲学家,但却被冠以不同的头衔,即"贤人"。这类人不是只有"七贤",历史上流传有一个传统的、或多或少的名单[34];除此之外,还有奥德修斯(Odysseus)、涅斯托尔(Nestor)、阿特拉斯(Atlas)、普罗米修斯(Prometheus)、刻甫斯(Cepheus)或者来库古(Lycurgus)这样的神话或准神话人物。毕达哥拉斯被赋予了第一个引入"哲学"一词的角色,以此术语,贤人智慧走入了不同的方向。僭主莱昂对这个新词很感兴趣,毕达哥拉斯向他解释说,贤人操劳于自己的公民作为,而哲学家则致力于"理论",为了观察而观察,除了这种观察为他们提供的满足感之外,没有任何其他动机还能指引他们。他的这个类比令人称道。正如一场体育竞技不仅汇集了为荣誉而奋斗的运动员、被其间商业活动吸引的商人和顾客,而且还把前来欣赏比赛的观众聚集在一起;同样,在这种生活里不仅仅有野心家和商人,还

---

[33] Cicero, *Tusculan Disputations* 5.6.

[34] 第一个可信的名单出自柏拉图的《普罗泰戈拉》343a. 里面包括米利都的泰勒斯(Thales of Miletus)、米提利尼的庇塔库斯(Pittacus of Mytilene)、普里耶涅的比亚斯(Bias of Priene)、雅典的梭伦(Solon of Athens)或"我们的梭伦"、林多斯的克莱俄布卢斯(Cleobulus of Lindos)、泽恩的密松(Myson of Chenae)和斯巴达的喀隆(Chilon of Sparta)。关于这个名单的历史变迁,参看 Buisine 2002。

存在着这样一小部分人,他们"视其他一切为无物,悉心检视事物的本性"。正是这样一些人,作为纯粹的"理论家",就被称为"哲学家"。[35] 在西塞罗的表述中,毕达哥拉斯自己仍然把"智慧"和"哲学"结合在一起。他在给莱昂做了上述解释之后不久,就动身前往大希腊地区投身立法去了。但就其本性而言,理论活动具有排他的倾向。毕达哥拉斯之后的哲学家们仅仅只是纯粹的理论家,再也不从事别的事务了。从此以后,他们远离实践问题,直到苏格拉底出现,他的角色就是将后一种实践问题重新纳入哲学领域,引用一句名言的说法,就是"从天上回到了地上",哲学原本扎根于此,只是一段时间内放弃了这个根基。

尽管西塞罗毫不犹豫地认为后世圣贤、前苏格拉底哲学家的整体与天象学家,也就是天文学家密切相关,但他所采用的时代区分一旦被接受,就不可避免地导致对"自然"概念的重新解释。因为在先于苏格拉底的思想家当中,尽管确实有许多人都符合探究自然的特点,但并不是所有人都如此。无论是巴门尼德,还是他的弟子麦里梭(Melissus)和芝诺(Zeno)(他们更不像是),还是赫拉克利特(Heraclitus),都不是前述意义上的自然主义者。

---

[35] Cicero, *Tusculan Disputations 5.9*,以及 Diogenes Laertius, *Lives of Eminent Philosophers 1.12*(也即 Heraclides of Pontus Fr. 87 Wehrli = 84 Schütrumpf; cf. PYTHS. R29 LM)。西塞罗在这里并没有提到柏拉图的区分,即"智慧"是神的特权,而"对智慧的向往"(或哲学)才属于人。

在不同程度上,而且各人以各自的方式,他们的目的反而表明了自然探究的限度,实际上使其合法性受到质疑。但是,"自然"这个概念又足够复杂,以至于那些完全不属于或根本上不做"自然探究"的思想家,都能够被认为是"自然哲学家"。色诺芬已经解释过,苏格拉底对"自然哲学家"抱有敌意的原因之一,就是他们所主张的知识具有不确定性,他们在认识**存在物到底有多少**的问题上存在的立场分歧就证明了这一点。[36] 现在乍看起来令人吃惊的是,不仅那些从事自然探究的人们被当作"自然哲学家",而且那些否认存在任何变化,进而否认存在生成和消亡的"自然"进程的人们,也就是巴门尼德和他的爱利亚弟子们,也都被当成"自然哲学家"。"**在那些专注于万物本性的人们里,有的人认为所是的只有一,有的人则认为所是者的数量是无限的;有的人认为万物总是在运动,有的人则认为没有任何东西能够运动;有的人认为万物都会生成与毁灭,有的人则认为没有任何东西能够生成,或者被毁灭**。"[37]

如果爱利亚学派能够被理解为"自然哲学家",那么"自然"一词的含义就不能与其在《斐多》中的含义完全一致。我们

---

[36] Xenophon, *Memorabilia* 1.1.14. 这个问题也在柏拉图的《智者》(*Sophist*) 242c5 得到了刻画,"到底有多少存在者?其数目多少?"另请参看 Isocrates, *Antidosis* 268。Mansfeld (1986, sect. 4 and 5) 也坚持亚里士多德之前的名单对于古代学述史的重要性。

[37] Xenophon, *Memorabilia* 1.1.13–14 (DOX. T5 LM)。黑体为本书作者添加。

很容易重建导致这个术语从狭义转向更广义的滑动逻辑。"自然"（*phusis*）在古希腊语中不仅可以指生成和朽坏的过程，也即属于明确或者正式的自然探究范围，而且还可以指通过这些过程而被安排或者维系的"自然"。亚里士多德将其称为"本原"（*arkhê*）或"基质"（*substrate/hupokeimenon*），"万物都由它构成，在开端处由它产生，在终结处复归于它"[38]。如此已经足以从本体论上对本源的"自然"提供解释，相对于那些从它产生出来的事物或者成分而言，承认它才是"真正的东西"（what truly is）。有人在一种更为狭义的意义上，拒绝将"自然"的所有确定意义都归结为"是什么"（what is），但对自然的研究甚至能够将这些主题也包含在内，也即一种广义的对"自然"的论述。色诺芬或者说他的素材源头，正是把这种本体论的自然概念作为自然学者争论的基础，因为这后一个含义不仅能够涵盖包括天空在内的各种自然现象，而且也能指示万物的数量和质量。正是以这种方式，前苏格拉底思想家也成为第一代本体论者。[39]

但是古代从来没有正式采用我们在这里概述的分类法。就一

---

[38] Aristotle, *Metaphysics* 1.3 983b8-10. 亚里士多德在不同地方交替使用"实体"（*substance/ousia*，b10）、"原则"（b11, principle）、"自然"（b13, nature）以及"基质"（b16, substrate）。另可参看 984a30-32。

[39] *phusis* 一词的双重意义，既能指一个事物的自然生长，也可以指其固有本性（自然），在这个词首次出现在荷马史诗《奥德赛》（Homer, *Odyssey*）10.303 就是这样表达的，这也是《奥德赛》里仅有的一次使用这个词语。

般规范而言，自然学者仍然就是**严格意义上**（stricto sensu）的自然学者，即使古代的传统记载就像对待那些"自然哲学家"一样，将巴门尼德甚至麦里梭的著作都冠上"论自然"的标题。[40] 尽管亚里士多德对所使用的自然概念做出了充分区分，证明了从 *phusis* 的一种意义转换到另一种意义的合理性，但他始终尊重古代哲学家中大多数人之间的区别，一部分人组成"自然哲学家"群体，而另一部分人—— 一般而言就是爱利亚学人——则拒斥自然，或者只能接受将自然作为一种次要对象。从自身立场出发，亚里士多德的任务是给自然哲学划定明确边界，不仅将自然哲学与辩证法和数学分别开来，而且也与第一哲学区分开来。这促使他始终坚持这种划界，即使他并没有给第二个群体赋予一个普遍的称号。只有怀疑论者塞克斯都·恩披里柯（Sextus Empiricus）在提到亚里士多德分界线的一段话中，给爱利亚学派指派了"不动论者"（*stasiôtai*）和"非自然论者"（*aphusikoi*）的名称。[41]

苏格拉底–西塞罗传统由这样一个事实确立，就是将苏格拉底与其前辈之间的断裂定位在特定**内容**的层面上，在某些情况下也和明确的认识论态度相联系。在苏格拉底以前，自然、天空、

---

[40] 见本章注释 3。
[41] *Against the Physicists* 2.46.

其他更一般的事物，都被置于纯粹理论的视角内；从苏格拉底开始，人、人的行动、道德，则被置于本质上属于实践哲学的范围。相形之下，柏拉图-亚里士多德传统则将他们之间的断裂定位在**方法**层面上，苏格拉底的不同方法手段将特定内容转化成为思想的对象。我们可以说，这使得苏格拉底的思想可以被归结为一种二阶的思想，和他前辈思想的一阶特征形成对立。[42] 这种向认识论问题的转变，显然打开了一种可能性，不仅可以重新解释苏格拉底本人，而且也可以重新解释前苏格拉底思想家，这种重新解释第一次出现在柏拉图的《斐多》中。就像柏拉图刻画的对立面的理论和形式因理论一样，这两个理论范畴也指引亚里士多德在其《物理学》第一卷中发展出自己的自然哲学，并为其《形而上学》第一卷描述哲学开端在核心问题上的连续历史发展铺平了道路。这就好比是，当我们站在进程终结之处进行总结，关键的时间节点就是苏格拉底即将被处死的时刻，正如我前面回顾的，这个时刻正是《斐多》描绘的那一天，如果我们被允许进行辩护，那么终于有可能采纳一个更为哲学的平衡视界了。

在苏格拉底讲述他自己智识发展历程的故事里，他最后论证了灵魂不朽，但此时出现了一段长篇大论的离题，回顾了引发他踏上"第二次启航"（*deuteros plous*）的背景，就是他终于醒悟，

---

[42] 这里我采纳了 Elkana 1986 使用的术语。

最初唤起自己激情的自然哲学如此迷惑难解,根本无法对终极原因提供解释。这一次的裂隙虽然如此之深,但依然站在共同的哲学规划基础之上,正如第二次启航这个隐喻所揭示的那样,它假定同一个航程依旧继续,只不过是采取其他方式罢了。[43]

克贝（Cebes）针对苏格拉底的最后论证认真阐述了自己的反驳,他评述道,如果为了确认灵魂在我们出生之前就已经预先存在,完全无需我们得出灵魂不朽的结论。[44] 因为情况很可能是,即使灵魂确实预先存在,它最终也很可能会被腐蚀,因为一旦灵魂进入一个身体,就标志着一个恶化过程的开始,将会无可避免地导致其毁灭。即使这个过程将持续一段时间,也不得不承认终将如此。

苏格拉底承认,回应这个反驳并非易事,因为这要求"彻底考察生成与消亡的普遍原因",然而,本应处理这一课题的"自然探究"却不能胜任这个任务,虽然它探讨的就是"什么是产生以及什么是毁灭"的话题。[45] 因为它远不能清晰呈现生成和消亡过程的原因（aition）,只能是谈谈实现这些过程所必需的物质条件,也就是柏拉图在《蒂迈欧》当中用一个技术性术语称呼的"辅

---

[43] 航程如果没有风助力,就只能依靠船桨了；如果终点无法抵达,哲学家也就只能用形式聊以自慰。这是 Menander 对该隐喻做出的解读,参看 Fr 183 Kassel-Austin。

[44] *Phaedo* 95a-e.

[45] *Phaedo* 96a.

助原因"(sunaitia)。[46]事实上，只有亚里士多德称之为"何所为"（that for the sake of which）的终极因，才配得上苏格拉底在这里理解的原因一词。这也是为何他一度把希望寄托在阿那克萨戈拉身上的原因，根据《斐多》，阿那克萨戈拉是自然哲学家里唯一坚持认为"是智识将世界搭建起来，它才是万物的原因"[47]。问题是根据苏格拉底的解读，阿那克萨戈拉的这一说法并没有带来任何积极效果，他所解释的世界形成，到了苏格拉底嘴里，却是用轻蔑的复数表达出来的，"空气、以太、水，以及诸多其他稀奇古怪的东西"[48]。

然而，第二次航行指向的虽然是"寻找原因"[49]，但并没有直接带领我们走向终极因的所有道路，依赖一种形式因理论（把形式*作为原因），它借用了一条基于假设的流程路径。苏格拉底对灵魂不朽的论证是为了最终回应克贝，这个论证做出了如下假设。像**冷**这样的形式本身，以及像雪这样依赖于该形式而存在的实体，它们都不可能接受在其自身内部具有一个对立的形式（在这个例子中就是**热**），因为一旦接受对立面，总会发生下面两种情

---

[46]　*Timaeus* 46c-d.
[47]　*Phaedo* 97c.
[48]　*Phaedo* 98c.
[49]　*Phaedo* 99d1.

*　Forms，即柏拉图的 *eidos*，中文过去一般从其英文旧译 idea 译为"理念"，现在多译为"型""相"，本书中译依照英文原文，将柏拉图的 Forms 都译为"形式"。——译者注

况其中的一种：它们将不得不"要么消亡，要么退缩"。假如有关实体是可消亡的，例如雪，那它就消亡；假设这个实体因其本质或者定义为了免于消亡而撤出（与热或者火的）对立，那它就退缩。而最后这个假设也适用于生命物，按照苏格拉底的说法，其中的概念在分析上意味着"不死性"。灵魂的原则是不死，因而也是"不朽的"。

这个论证也可以被称为"生物学的"论证（也有人称为"本体论论证"），其中某个环节还援引了一个属于"伦理学"的例子：如果说苏格拉底仍然是在监狱里，这并不是因为他的骨骼和肌肉在监狱——这不过是必要条件，而是因为他认为这样做是正确的。[50] 对这种鲜明的柏拉图式哲学原则的运用，完成了从前苏格拉底到苏格拉底的转换，这也与从一个纯粹的苏格拉底式的苏格拉底到一个鲜明的柏拉图式的苏格拉底的转换是一致的。[51] 但这个例子所服务的主要论证并不涉及人类事务。相反，它勾勒出一种新的自然哲学的轮廓，其显著标志就是它被赋予了一种目的论架构。[52] 因此，在《斐多》"第二次启航"的视域里，我们看

---

[50] *Phaedo* 98e.

[51] 关于《斐多》如何传记式地描述了苏格拉底逐渐柏拉图化，参看 Babut 1978。

[52] 对于形式因与终极因之间的可能关系，在阿那克萨戈拉的批评当中已经提出了必备条件，但《斐多》并没有将其主题化。当然，这个问题作为柏拉图主义的症结之一也并非偶然的。值得注意的是，形式和终极这两个原因，与对立概念一起，将在亚里士多德的《物理学》当中成为中心问题。

到的是《蒂迈欧》，它重新搭建了与"自然学者"的宇宙论构想之间的联系，凭借自然现象的科学建立了一个决定性时刻，使得《申辩》中的苏格拉底得到重新阐释。《斐多》里面最后的末世论神话还提供了暗示性的证据，对世界做出了地理学－宇宙论的描述，而灵魂在死后可以从这个世界里分离出来。对这个世界的描述还包括了一种水文学，亚里士多德的《天象论》就对柏拉图这种"关于河流与海洋"成因的理论提出了批评。[53]

亚里士多德并没有追随柏拉图走上这条道路。毋庸置疑，这抹杀了苏格拉底的独特之处，因为问题不再是来自苏格拉底。尽管如此，亚里士多德还是接棒了前苏格拉底思想家与苏格拉底从事的共同事业，其对象不再是有什么东西生成，也不是有什么东西消亡，而是更一般意义上的探索原因。正因如此，才使他们获得了"第一代哲学家"的声名，或者采用亚里士多德在《形而上学》第一卷中更为明确的说法，他们是"第一代进行哲学思考的人物"[54]。

《形而上学》第1卷第3章开篇即把最高知识定性为"智慧"，亚里士多德致力于在其前辈——"第一代哲学家"，但也包括苏

---

[53] *Meteorologica* 2.2, 355b32–34.
[54] 这一表述出现在《形而上学》983b6-7，认为是泰勒斯提出来了哲学活动的新方式，另参见 983b20。这个理解也和柏拉图相关，因为亚里士多德说柏拉图的学说"追随了我们刚刚谈到的哲学家"（987a29）。亚里士多德对哲学的第一次提及则出现得更早，在 982b11，他说哲学与人类的第一次惊奇经验同时出现。

格拉底和柏拉图——的思想中寻找四因的起源,《物理学》也已为这四种原因提出了系统列表。首先是质料因,亚里士多德疑惑的只是,是否可以将这一观念也归之于诗人和那些被称作"神学家"的群体,例如诸神谱系的作者,赫西俄德或俄尔甫斯等等,而不是归之于泰勒斯。然后接下来是动力因,人们可能会"拿不准"是否在巴门尼德之前的赫西俄德就有了这个观念;再次是目的因,我们可以在阿那克萨戈拉和恩培多克勒那里找到(参看以下第 3 章和第 4 章);最后是毕达哥拉斯学派和柏拉图拥有的形式因(参看以下第 5 章和第 6 章)。如果说这些人都是"第一代哲学家"的话,与其说他们是在做发现工作,倒不如说是在预见什么。终极原因(目的因)在恩培多克勒那里被称为"友谊"或者"友爱"(*Philia*);而在阿那克萨戈拉那里则被蕴含在心灵的直接功能当中;动力因在赫西俄德和巴门尼德那里,又被称为"爱欲"(*Eros*)。而被自然学者作为本原的"身体"本身不过是对基质和潜能的预设。在这样的视角下,从泰勒斯到柏拉图就存在一种不间断的连续性。[55] 虽然亚里士多德提到苏格拉底"操心于伦理问

---

[55] 在《形而上学》983b12—16,"苏格拉底"这个名字被用来说明一个实体性的"自然"概念,大多数"第一代哲学家"在提出一个同样的物质本原时,开始认识到这个概念,这个本原始终持存,超越了生成与消亡。将苏格拉底用来描述"自然"概念这个事实,确实可以被解读为某种思想连续性的象征。

题，而没有将自然作为一个整体来考察"[56]，但亚里士多德几乎没有把苏格拉底对哲学史的贡献定位于他确实做出了这个选择，而认为很可能只是出于偶然，苏格拉底最初所做的不过"是将它们（也即伦理学问题）视作普遍的"[57]，这一新途本身被亚里士多德认为是开启了柏拉图形式理论的前提，这也是在《形而上学》第 7 章重复论述、第 8 章和第 9 章进行批判以及在第 10 章提出结论之前，亚里士多德列举出的最后一种本原理论，这其实赋予苏格拉底一种过渡性的地位，而不是将他作为新的开创者。

我们还可以在《形而上学》第 13 卷的对应段落中找到对苏格拉底的这种解释，亚里士多德在该段落具体说明了德谟克利特的贡献，以及此前毕达哥拉斯主义者对定义的寻求；[58] 类似表述也出现在《论动物的部分》第一卷中，[59] 涉及的是生物学方法问题。亚里士多德尽管较为含蓄，但还是不无讽刺地将"自然哲学家们"的自命不凡与他们的成就区分开来。他辩称，在无涉"本性"（nature）的情况下，自然学者们考察了两种原因理论，即终极因（在这个语境里包括了形式因）和必然性（归于"物

---

[56] *Metaphysics* 987b1-2.

[57] *Metaphysics* 987b2-4.

[58] *Metaphysics* 13.4, 1078b17-31. 关于这段话中苏格拉底和德谟克利特所关心的论题有何区别，参见 Narcy 1997。

[59] *Parts of Animals* 1.2 642a24-31.

质")。[60] 但是除了偶有所得（最多是趋趄而遇），先辈们从未能真正提出终极因。之所以如此，亚里士多德给出的解释是，对本质定义的处理仍是外在于他们的事务。即使德谟克利特自己确实探究了定义，但他也只是（以一种未经反思的方式）"被事物本身引导"，而不是（以一种有意识的方式）"因其对自然哲学必要"而为之。就苏格拉底而言，他确实对定义理论的推进做出了贡献，但由于其所处时代的哲学家们都"追求有用的美德和政治"，而他也追随这一趋势，所以他也没有为自然哲学提供任何增益。于此而观，拜一种明确的定义和本质理论所赐，亚里士多德的自然哲学首先给出了终极因（和形式因），然后才是质料因，这可以看作是对老一辈前苏格拉底自然哲学和苏格拉底式冲动的综合，而苏格拉底式的冲动被证明在本质上具有认识论的本性。

因此，从亚里士多德那里得到的形象是复杂的。一方面，确实存在着从自然哲学走向伦理（和政治）的序列。但是，指向实践的关注并不足以开启哲学的一个新时代，只不过是刻画了一代人的兴趣和精神（"哲学家们"即 *hoi philosophountes*，这个表述作为复数形式甚至可以将"智者"包含在内）。尽管苏格拉底本人也分有这种共同兴趣，但伦理学几乎不能成为一个另外的领域或者材料对象，让他去投以不同的另外一种关注。苏格拉底是一位

---

[60] *Parts of Animals* 1.2 642a17.

给出定义的哲学家，在一个传统的连续性中，他所做的是再生，而非做出总结。从这样的视角看，苏格拉底式的这种停断既被保持下来，但同时也是从属的。

在古代哲学编纂史内部，对苏格拉底这种相对性的表述，毫无疑问没有比第欧根尼·拉尔修《名哲言行录》所做定位更为真确的了。第欧根尼·拉尔修将整个希腊哲学分为两系，即从阿那克西曼德（和泰勒斯）而来的"伊奥尼亚"一系，以及将开端定为毕达哥拉斯（和锡罗斯的斐瑞居德，Pherecydes of Syros）的"意大利"一系，他做出的这个区分预设了哲学史一以贯之的一种发展脉络，事实上排除了任何西塞罗类型的划分。[61] 但在伊奥尼亚系统的中段，苏格拉底一方面扮演了阿基劳斯和柏拉图之间的中介，另一方面扮演了阿基劳斯和其他苏格拉底主义者之间的中介。[62]

---

[61] Diogenes Laertius, *Lives of Eminent Philosophers* 1.13-15. 就这几个章节讨论的苏格拉底之后的哲学史而言，人们很可能会质疑这种两分法是否恰当。根据第欧根尼·拉尔修的记叙，其中第一个分支系统，经苏格拉底和柏拉图之后，又经历了两次分化，衍生为学园派（克里托玛库斯，Clitomachus）、斯多亚学派（克利希普斯，Chrysippus）以及漫步学派（特奥弗拉斯特，Theophrastus）而告结束；而第二个分支系统则一直单线延续到伊壁鸠鲁（Epicurus）。但是，如果我们考虑到在东西方的对立当中能够辨识出两种不同的智识取向，就可以为哲学的开端赋予一定的合法性。但我们不能从第欧根尼·拉尔修那里获得可以这样做的依据，因为他仍然只是单纯地从地理位置的分布来进行区分。虽然伊奥尼亚的米利都学派对宇宙论秩序的思考，使其有幸获得开端独创者的称誉，但大希腊地区被世人强烈关注的末世论思考，也并未将宇宙论排除在外。

[62] Diogenes Laertius, *Lives of Eminent Philosophers* 1.14.

然而，哲学史上的一个重大断裂往往会因一个中项的引入而被重新吸纳。正如我们前述所见[63]，记载阿基劳斯的学述证言表明，如果能够说他享有贵为苏格拉底老师的荣耀，这不仅是因为《斐多》特别将他描述为潜在背负着匿名"自然哲学家"之名的人物，而且，尽管他确实是在苏格拉底出现之前就已经开始讨论伦理问题，但他依旧全力投入"自然"探究。这并不是说第欧根尼·拉尔修对苏格拉底的断裂一无所知。当他细数哲学的各个部分（自然哲学、伦理学和辩证法）时，他依旧回顾了阿基劳斯和苏格拉底之间的联系，他指出——当然是抄录的——"在阿基劳斯之前，还是各种自然（哲学）的类别；从苏格拉底开始，正如已经说过的那样，就出现了伦理学的各个类别。"[64] 专门论述阿基劳斯的一章也重复了这一点。[65] 尽管如此，出于对整体脉络的构造，苏格拉底造成的断裂偶然间被主题化，就显得必然像是一个从属的时刻。这确实也是事实。不仅在第欧根尼·拉尔修那里没有什么前苏格拉底人物，前苏格拉底思想家只不过是一种虚拟的存在。从这一点来看，在埃伯哈德那里出现的"前苏格拉底哲

---

[63] 参看本书边码 8—9 页。

[64] *Lives of Eminent Philosophers* 1.18 补充道："还有，从爱利亚的芝诺开始，又出现了辩证法的类别。"依据这个表述，哲学部类划分的出现与哲学史分期之间的对应原则便不再成立。这句话读起来像是暗自修正，辩证法的发明者并非苏格拉底，而是此前的芝诺。

[65] *Lives of Eminent Philosophers* 2.16 以及 20-21。

学"[66] 这一说法就确认了一个事实,即现代对古代哲学的历史编纂最初是为了反对从第欧根尼·拉尔修那里继承下来的方案而建构起来的,这业已得到证明。无须多言,西塞罗模式在这一重构中起到了决定性作用。

---

[66] 参看本书边码 1 页。

第二章　前苏格拉底思想家：现代群星

"前苏格拉底"这个新词汇在 18 世纪末出现后便引发争论，直到下个世纪末，两个因素的共同作用促成其最终被世人接受。一方面是尼采对前苏格拉底思想家的哲学重估，另一方面要归功于现代前苏格拉底研究的奠基人第尔斯（H. Diels）持续多年的编纂工作，他后来在 1903 年以《前苏格拉底思想家残篇》(*Die Fragmente der Vorsokratiker*)[1] 为题出版了相关文献的第一个科学版本。即便如此，这一表述暴露出的困难依然存在，这也可以解释，为什么学者们时不时都会提出其他一些相对争议较少或更为充分的表述来取代它，其中亚里士多德的"第一代哲学家"[2] 就较为引人注目。前苏格拉底思想家的历史与赋予他们的称谓密切相关，值得我们停下来思考这个问题。

---

[1] 经过克兰茨修订过的这个文献集直至今天依旧是本领域的参考书，即 Diels and Kranz 1951-1952。

[2] Aristotle, *Metaphysics* 1.3. 986b6-7.

"前苏格拉底"一词面对的第一个困难与它对苏格拉底名字的使用有关。埃伯哈德的手册首先就验证了这一困难所在,因为他所说的"苏格拉底"时期实际上是以一系列描述智者而非苏格拉底本人的段落开场的,而智者对"人"的兴趣并不亚于苏格拉底。这也就是为什么克鲁格(W. T. Krug)在1815年出版的一部古代哲学史中,选择将柏拉图的地位保留在哲学史第二个时期的开端之处,而把智者和苏格拉底置于前面第一个时期的末尾。[3] 那么,怎么能说苏格拉底构成了一个转折点呢?正是针对这种重新定位所隐含的对苏格拉底的贬低,施莱尔马赫在1815年于柏林学院发表的一篇题为《论苏格拉底作为哲学家的价值》的讲谈中做出了回应。[4] 传统上将开辟一个哲学新时代的功能赋予苏格拉底,这与对其学说的定性之间发生的"矛盾",让施莱尔马赫十分迷惑。如果仍旧按照西塞罗的标准描述[5],把苏格拉底的唯一功绩总结为"把哲学从天上带回地面",那么实际上他眼里看到的苏格拉底,也不过仍旧是18世纪所流行的哲学"常识"的一个代表,

---

[3] 参看 Krug 1815。卡尔斯滕(S. Karsten)是19世纪上半叶最杰出的前苏格拉底哲学家研究专家之一,他曾经计划编纂一部书,题为《古希腊哲学家遗集:柏拉图之前》(*Philosophorum graecorum veterum praesertim qui ante Platonem floruerunt operum reliquiae*)。但仅只出版了三个部分,即《克塞诺芬尼》(*Xenophanes*, 1830)、《巴门尼德》(*Parmenides*, 1835),以及《恩培多克勒》(*Empedocles*, 1838)。

[4] 参看 Schleiermacher (1815)。

[5] 参看本书边码10页。

但施莱尔马赫并不认为苏格拉底的哲学会如此微不足道。[6]为了使苏格拉底能够依旧保有"希腊时期哲学的主要休止符"之誉，施莱尔马赫认为有很好的理由足以让他做到这一点，不过必须赋予苏格拉底"一种比习惯所认为的更为哲学化的思想类型"。[7]施莱尔马赫不是将苏格拉底的哲学洞见定位于引入一门新学科，比如伦理学。他强调指出，伦理学在苏格拉底之前已经存在了，尤其是在毕达哥拉斯学派那里；也不是引入辩证法，因为爱利亚学派已经在实践这一方法，而是苏格拉底发现了"三门学科的相互渗透"（辩证法、伦理学和自然哲学），并将它们建基于"在其自身之中的知识观念"之上。按照施莱尔马赫对哲学的系统观念，再没有比这更哲学的观念了。[8]

与埃伯哈德的观念而不是其术语较为接近的是黑格尔在《哲学史讲演录》中使用的表述。在客观辩证法与主观辩证法的指导下，黑格尔实际上再次将苏格拉底的作用相对化了。如果说为希腊哲学第一个时期的边界确立标准重在是否放弃了客观的自然哲学，那么，开启下一个哲学时代的角色则被分派给了智者，因为

---

[6]　有关西塞罗的标准表述在当时哲学中的流行，参看 Ernesti, "De philosophia populari," (1754)，载于 Beck 与 Thouard 1995, 372 页。

[7]　Schleiermacher (1815/1835), 293.

[8]　Schleiermacher (1815/1835), 289. 以上引文均出于此。

智者正是哲学史上主观性原则的第一批代表。[9] 针对智者地位的这种复兴，策勒在其《历史进程中的希腊哲学》(Die Philosophie der Griechen in ihrer geschichtlichen Entwicklung)中恢复了苏格拉底的枢纽作用，该书在1844年至1852年间出齐了第一版。[10] 策勒的论证尽管让人不禁想起施莱尔马赫，但前者更接近古代史料来源，尤其是亚里士多德传统。因为如果说苏格拉底转变了哲学的领域，这对策勒来说，首先是因为苏格拉底是理念（eidos）哲学的第一个代表人物。至于智者，他们完全可以被算到前苏格拉底思想家的行列。因为他们表现出来的完全是一种哲学的解体，而非一种真正的新哲学的诞生。[11]

与此同时，策勒所做的时代区分也是最合理和最易操作的划分方式。正是在这种时代划分的基础上，第尔斯编纂并于1903年首版的《前苏格拉底思想家残篇》才得以立足。在"自然哲学家"——从这个术语最宽泛的可能外延来理解的意义上——的部

---

[9] Hegel 1995, 102 and 352.

[10] Zeller (1844/1852; 1919/1923). 策勒对一般意义上的哲学史分期问题很感兴趣，特别参看其题名为"希腊哲学的总体分期"的章节（"Die Hauptentwicklungen der griechischen Philosophie"; "The Principal Developments of Greek Philosophy"），I/1, 210-227。其中 210—218 页的分期与我们此处的讨论相关。

[11] Zeller (1844/1852; 1919/1923), 217.

分之后,该文献集将智者运动的所有代表人物也囊括在内。[12]就此而言,策勒、第尔斯与尼采一样,都是"前苏格拉底的发明者",这个头衔之所以被归于尼采,起到决定性作用的是他在20世纪的哲学和智识思想上享有的非凡地位。[13]

诚然,在克鲁格(以及卡尔斯滕)的传统中,尼采一度更倾向于使用"前柏拉图"这个说法,或者更确切地说,尼采大概是从1869年在巴塞尔发表的系列讲座开始,就在使用"前柏拉图的哲学家"的标题。[14]从此,一条分界线就开始在两类哲学家之间游走,按照新的划分标准,包括苏格拉底之前以及他在内的一类哲学家,以其思考框架的原创性和"纯粹性"、不折不扣的逻辑为特征;而另一类哲学家则从柏拉图开始,以"混合"和

---

[12] 第尔斯的这个文献集明显给此前出版于1860年的穆拉赫(Mullach)的平庸之作形成了压力,后者的文献名称也反映了策勒哲学史问世之前,在希腊哲学史分期上的摇摆不定造成的问题。穆拉赫版本的全名为《希腊哲学残篇》(*Fragmenta philosophorum graecorum, I: Poeseos philosophicae caeterorumque ante Socratem philosophorum quae supersunt, II. Pythagoreos, Sophistas, Cynicos et Chalcidii in Priorem Timaei platonici partem commentarios continens*, Paris 1860/1867)。不仅智者,连毕达哥拉斯学派、犬儒学派都没有被纳入"前苏格拉底"。不过,直到2011年Mansfeld和Primavesi出版的最新版本(德语前苏格拉底文献汇编——译者注)也不包括智者,近几年在柏林由De Gruyter出版社开始编辑出版的"前苏格拉底传统"(*Traditio Praesocratica*)系列也未将智者纳入计划之中。

[13] 参看Borsche 1985以及Most 1995。

[14] 参看Nietzsche 1995和2006。这个标题在尼采1869—1870年冬季学期的课程大纲里第一次出现,此后尼采在1872年夏季学期以及1875—1876年冬季学期和夏季学期又多次开设本课程。有关尼采教学的年代记载,参看Janz 1974。

辩证为其哲学的典型特征，对尼采来说这就意味着民主。[15] 到了1875/1876 年，尼采开始将苏格拉底建构成为乐观主义现代性的肇始者，这种想法完全占据了尼采的心灵，他以同样的方式为前苏格拉底思想家确认了一种永远无法再被剥夺的优势，并从此将他们认作唯一正宗的"精神的暴君"。[16]

无论谈论的是前柏拉图还是前苏格拉底，对于将前苏格拉底思想家理解为"理论家"的西塞罗版本来说，尼采的解释都表现为一种颠覆。并不是说第一批哲学家没有发展理论，尤其是那种有关自然的理论，而是说，作为朗格（F. Lange）《唯物主义史》和物理学家罗杰·J. 博斯科维奇（Roger J. Boscovich，1711—1787，意大利天文学家、数学家——中译者注）著作的忠实读者，尼采更倾向于否认这一点，因为他在大多数前柏拉图的哲学家当中看到了现代科学与各式各样目的论思想作斗争的潜在盟友。此前叔本华已经根据康德和拉普拉斯的宇宙生成论解读阿那克西美尼、恩培多克勒和德谟克利特。阿那克西美尼不是也假设了一种弥散物质的聚集？而恩培多克勒和德谟克利特不是提出了一种涡

---

[15] 参看尼采《希腊悲剧时代的哲学》（*Die Philosophie im tragischen Zeitalter der Griechen*），载 Nietzsche (1980) 1:799-872，§2。

[16] 参看 Nietzsche (1980) 的 §261, 2:214–218；其《人性的，太人性的》也有部分引用，见 chap. 2, pp. 26, 30。尼采的演变可以从其 1870/1875 残篇中有所发现，参看 Nietzsche 1980, 第 7 和第 8 卷。

旋假设吗？叔本华还曾经把毕达哥拉斯的数学哲学界定为"化学计量学"的第一种形式，也即对在化学合成当中起作用的定量参数的研究。[17] 我们甚至无须提及恩培多克勒的思想不可避免地在这位悲观主义哲学家那里激发的热情："他彻底认识到了我们生存中的痛苦。"[18] 尼采时而放大这些言论，时而在此过程中加以修正，他认为，当代科学可以从希腊哲学家发展出来的直觉里认识到自身，并坚称这是一个事实。只要一有机会，尼采讨论前柏拉图哲学家们的讲座时不时地就会被科学的补论打断，在专门讨论泰勒斯、赫拉克利特、恩培多克勒、德谟克利特和毕达哥拉斯的章节中都是如此。[19]

康德－拉普拉斯理论也再一次被尼采用以解释，泰勒斯如何把"水"作为万物的起源："实际上，天文学事实证明了他的信念，一个不那么固化的聚合状态就会生成当前的各种东西。"赫拉克利特的"万物皆流"可以依据赫尔姆霍兹（Helmholtz）在其论文《论自然力的相互关系》（"On the Reciprocal Action of the Forces of Nature"，1854）中发展出来的"力"（Kraft）的概念加以解释："任何地方都不存在绝对的持存，因为我们最终的分析总是来到力面前，同时，其后果也包括力的丧失 [Kraftverlust]。"尼采

---

[17] 参看 Schopenauer (1850/1974), 36–37。

[18] 参看 Schopenhauer (1850/1974), 35。

[19] 在 Schlechta 和 Anders 1962 当中，Anders 对这种打断进行了研究。

这种解释认可冯·贝尔（K. von Baer，1792—1876，胚胎学家和比较解剖学奠基者——中译注）在生物学上的相对主义并在相当长时间内都承认这一观点。对恩培多克勒的解释，尼采则掺入了达尔文的生物进化论，世界秩序不像阿那克萨戈拉所说的那样是心灵有意为之的结果，而是两种相反力量（Triebe）盲目互动的结果。[20]"显然，在恩培多克勒身上我们发现了纯粹原子论 - 唯物论观点的内核：某种偶然形式的理论。根据这种理论，各种元素可以实现所有可能的随机组合，其中有些元素是有目的性的，能够产生生命——这都是属于他的思想。"尼采认为这种思想"特别辉煌"。但上面这一长串人物中的英雄无疑是德谟克利特，这位唯物主义的、反目的论或者说反神学的哲学家。"给我物质，我就能用它构造一个世界。"[21]

这种叔本华 - 尼采式的解读不仅显得幼稚，而且也是传统的套路，因为正如亚里士多德那里一样，前柏拉图的哲学家们扮演着先驱的角色。但是，其作用确实是创新的，这样一种创新不仅表现出它的天真，而且在某种程度上甚至要求天真。尼采不仅

---

[20] 卡佩勒（W. Capelle）在 1935 年出版了一本专门论述前苏格拉底思想家的论文集，正是通过他的介绍，弗洛伊德采用了"力量"一词来指称恩培多克勒残篇中的爱与恨。弗洛伊德认为，"根据他的二元论，死亡或者破坏或者好斗的本能，与力比多所表现出来的爱欲部分共享同样的权利"，尽管这一理论反响寥寥，但却被认为得到了"古希腊伟大思想家之一"的印证。Freud (1937/1964), 245–247；参考 Bollack (1985/2016)。

[21] 以上引文分别参看 Nietzsche 2006, 27, 60, 118, 以及 126。

像叔本华曾经做过的那样,驱策第一批哲学家们的科学来反对当代目的论;而且,他还拒斥那种目的论式的历史写作,也即,将每一位前柏拉图的哲学家都看作通向真理道路上的一个个阶段,就像亚里士多德在《形而上学》第一卷中呈现的那样。通过**直接**建立彼此间的对应关系,把泰勒斯或德谟克利特与康德/拉普拉斯联系起来,把赫拉克利特和赫尔姆霍兹联系起来,把恩培多克勒和达尔文联系起来,尼采引爆了一种进步的连续性,在这种连续性中,每一个主角只有被超越才能发现自身的意义。或许前柏拉图的哲学家们确实让人产生了预期:但绝不仅仅只是构成一些临时阶段,他们之所以伟大的标准并不在他们之外。在理论层面上,他们都是"伟人",只有揭示出了某种"个性",他们的学说才是有趣的。[22]

但是,尼采的反亚里士多德也即反目的论路线,从某个特定视角出发才有意义,该视角的框架就是古今关系这个现代问题。尼采所表述的前柏拉图哲学家们并不是为了知识而求知,他们也不像从古代流传下来的形象那样在进行纯粹的理论活动。恰恰相

---

[22] 参看尼采《希腊悲剧时代的哲学》的两个前言。在布克哈特(J. Burckhardt)的《意大利文艺复兴时期的文化》(*Geschichte der Renaissance in Italien / The Civilization of the Renaissance in Italy*, 1860)当中,专门有一个章节讨论"个体的发展";他从1880年开始讲授的"希腊文化史"(Griechische Kulturgeschichte)课程,也赋予"自由人格"这一概念以核心地位,但他几乎没有提到前苏格拉底思想家。可参看 Burckhardt (1898/1902/1977), 3:339–378;另请参看 Laks 2006。

反，他们是在自己的文化之中发挥着矫正**功能**，尼采将此功能定性为根本意义上的"悲剧"。[23]

在一种文化哲学的视角下，尼采对前柏拉图主义哲学家们的兴趣，其本质可以从他1876年的著作《不合时宜的思想》第四篇"拜罗伊特的瓦格纳"当中清晰得见，他在希腊悲剧文化的三位代表（两位哲学家和一位戏剧家）与三位现代作家之间建立起一种平行关系，埃斯库罗斯、巴门尼德和恩培多克勒为一方，瓦格纳、康德和叔本华为另一方。[24] 正如我们所见，叔本华在恩培多克勒身上认出了自己的悲观主义，埃斯库罗斯显然是因为瓦格纳的艺术作品（Gesamt kunstwerk）而得名，至于巴门尼德和康德这一对凑在一起，乍一看更让人咂舌。但尼采的观念依据是，巴门尼德对时间之现实性的否定，就像是对康德先验感性论中才出现的观念论题的一种预告。

这种对应关系的意义是显而易见的，尼采想要挑明两种对称文化发生突变的逻辑。就古希腊城邦而言，公元前5世纪日渐衰败，苏格拉底加速了这一衰败，却也将其带入了高潮，尼采给此后的一段繁荣期贴上了悲剧标志。相反，叔本华紧随康德之后发起的哲学变革，以及瓦格纳在美学层面的遥相呼应，都旨在通过

---

[23] 参看 Nietzsche (1873/1980)。

[24] 参看 Nietzsche 1980, 6:446 (*R. Wagner at Bayreuth*, §4)。尼采在那里又表示，不是"巴门尼德"，而是"爱利亚学派"。

重新建立与悲剧观念的联系，竭力挽回威廉德国的文化颓势。而在古代希腊，是苏格拉底在哲学的秩序中终止了悲剧观念，就像欧里庇得斯在戏剧的秩序中所做的一样。可以理解的是，一方面苏格拉底将自己与前苏格拉底思想家们区别开来，另一方面，对于苏格拉底所开启的现代性来说，前苏格拉底思想家又成为克服它的典范。

但这第一种对称关系又预设了另一种更为微妙的对称性。尼采做出分析的一个重要方面是，在希腊城邦繁盛至极的时代，其夺目瑰丽恰恰是对希腊文化内在倾向的反映，也即尼采所分析的可以被称为荷尔德林式的主题。或许尼采并不知道荷尔德林1801年就在《致伯伦道夫的信》中，通过诉诸"自由地善用属己的东西"[25]这种观念，而重新阐释了古今之争所蕴含的美学意义。在荷尔德林那里，赫斯伯里安（Hesperian）*诗人无须**发展**所谓"与本民族性格适宜"的东西，就能够与希腊人平起平坐；因为恰恰相反，要像希腊人自己所做的那样抵制这种性格。荷尔德林说："最困难的事情"，"就是自由地善用属己的东西"。[26]对尼采来说，古代哲学家以同样的方式"展现了这种[希腊]文化的生命力，

---

[25]　参看 Hölderlin 1969, 941。

*　荷尔德林所拟的赫斯伯里安人，一般认为是荷尔德林主张的与古希腊文化之自然特征相对，其时占主导的日耳曼文化与精神的代表。——译者注

[26]　Hölderlin 1969, 941。

它自身做出了矫正"[27]。"矫正"观念显然使得将前柏拉图思想家引为范式的做法变得复杂化了,因为同样明显的是,**我们**不得不矫正的东西并非**他们**不得不抵制的东西。

尼采在《知识与智慧之争》(*Wissenschaft und Weisheit in Kampfe*,1875)的一个残篇中,特别阐明了置希腊人于险境的本质所在,并考察了各位哲学家对此做出的回应:

神话是思想的温床	——反对!冷峻与严格的科学。德谟克利特。
生活的柔软舒适	——反对!严格的禁欲主义观念。毕达哥拉斯,恩培多克勒。
阿那克西曼德。战争与斗争中的残酷	——反对!恩培多克勒与其对祭祀的改良。
谎言与欺骗	——反对!保有对真理的热情,无论后果如何。

---

[27] Nietzsche 1980, 8:6 [13].

> 循规蹈矩，过度交际　　——反对！赫拉克利特的骄傲和孤独。[28]

这样，尼采巴塞尔讲座的策略是一箭双雕。一方面，他与前柏拉图的思想家结盟，捍卫一种论及世界的"科学"版本；与此同时，科学又被视作对某种特定文化情境给予的回应，类似于公共精神的展示。不同的前柏拉图思想家的个人活动，其本身不过是希腊人所从事科学之"实践"维度的标志而已，而尼采借助第欧根尼·拉尔修的《名哲言行录》来放大各种相关证言（他自己从未忘记强调其中许多人是立法者）。

正是因其文化维度，希腊悲剧时代的哲学才更具典范性，甚至其对后世发生影响的特殊形式都不及此。诚然，按照尼采的说法，施加于日耳曼文化身上的危险，与希腊文化不得不面对的危险在一定程度上是一样的；相应地，日耳曼文化所应采取的必要矫正，在本质上与希腊文化在其活力四射的时期能够采用的矫正方式是一样的，此际的社会服从和集体的首要地位所造成的威胁，并不亚于彼时彼地。但是就其他特征而言，尼采为前柏拉图思想家罗列的信用清单，对于日耳曼文化来说，反而应该登记在借记账单上。这一点尤其适用于那些安放在科学身上、用以打击

---

[28]　Nietzsche 1980, 8:6 [12].

神话的信念，而这些神话也正是尼采经常加以谴责的。因此，为了理解尼采如何能够交替地，时而将前柏拉图的思想家们高举为一种典范——只要他明确所谈论的就是前苏格拉底思想家时，他就会一直这样做；时而又强调他们的局限性，要求我们必须**与此同时**认识到希腊和日耳曼之间的平行性；以及，依照荷尔德林式的结构，被设定为与某种原初自然相对应的希腊成就，已经成为我们必须起而应对的紧迫倾向。

事实上，如果对尼采来说，前苏格拉底思想家确实已然发起一场尚未完成的文化革新运动，但在其到达终结处之前，苏格拉底就将它猝然打断，而他粉碎的其实绝不仅仅是一个单纯的希望。这就是为什么尼采会在《人性的，太人性的》第261节"精神的暴君"中写道："公元前6世纪和公元前5世纪似乎总是许诺多于产出，他们从未超越所许诺的和所宣称的。"[29] 在《知识与智慧之争》中，他说得更为慷慨激昂一些："还有许许多多可能性尚未被人发现，那是因为，希腊人并没有发现它们。还有一些东西，是希腊人发现了它们，但后来又重归湮灭。"[30]

因此，尼采对将前苏格拉底哲学作为自然哲学和将自然哲学

---

[29] 参看《偶像的黄昏》（*Twilight of the Idols*）"苏格拉底问题"章节，尼采在那里将苏格拉底描述为一个超出其自身激情的暴君。Nietzsche 1980, 6:67-73.

[30] 参看 Nietzsche 1980, 8:6 [11]。这里我们也可以发现海德格尔就**自然**（phusis）或者**真**（alêtheia）所表达的相同架构。

视作理论的苏格拉底 – 西塞罗传统主题的复兴，从一开始就被一场批判运动贯穿，而这场批判运动实际上相当于就是对尼采的反转。如此一来，我们也就更能理解，前柏拉图哲学家们先是在尼采讲座中被指认，后来又在《希腊悲剧时代的哲学》开篇呈现出来的辉煌前奏，却被人们当成不可胜数的"错误"。[31]但这些错误与尼采讲座中大肆宣扬的真理性并无丝毫悖逆，因为，让那些真理变成如许错误的，恰恰是这些真理早已被超越的事实。将赫拉克利特与赫尔姆霍兹相比，或者将恩培多克勒与达尔文相比，其中到底权衡几何？前苏格拉底思想家想要告诉我们的东西，其本质与他们的学说并无关系，而是与这些学说和其文化之间的关系有关，而正是在这种关系当中，他们推进了那些真理。

对前苏格拉底思想家做出更激进批判的萌芽，在尼采讲座当中将哲学家视为科学人物的观念中已经有其胚苗。因为科学的价值是可以被质疑的，甚至是可以被颠倒的。正是真理的悲怆，让尼采最初从中发现了前苏格拉底思想家的宏阔元素，但很快这种悲怆对他来说就成为问题的代名词，并且成为禁欲主义理想的专属表达，而这种理想本身自古就有其代表。崇尚《快乐的科学》（*gay science*）必然导致削弱德谟克利特的重要性，但对于成熟期的尼采来说，即使是恩培多克勒也不再具有曾经有过的吸引力，因为他不仅依

---

[31]　参看 Nietzsche 1980, 1:801。

旧是太过科学了——但这于事无补；而且也太过民主了——甚至无须提及将他与叔本华相提并论的悲观主义。最终，唯一幸免的前苏格拉底思想家也就只有赫拉克利特了——而且也勉勉强强。[32]

如果尼采自身的问题任其发展下去，其基本取向将越过其身后，在现象学传统尤其是在海德格尔那里保存下来。第一代哲学家作为"悲剧"时代的代表，在尼采那里已经成为朝向后现代性的希望化身，只要理论的乐观主义取得胜利，和占据首要地位的道德一起为这种现代性揭开序幕，也就会成为对西塞罗式传统的颠覆。在尼采之后，前苏格拉底思想家还将继续成为现代性的可见层面的代表，这种现代性一直想搞清楚自己的危机之处和失败所在。当然他们能够作为代表是就其他参数而言，刚好就是他们被重新神化了。在这个意义上，尼采将被证明不仅是"前苏格拉底的发明者"，而且也是海德格尔所谓"本源思想家"（*anfängliche Denker*）之灵感的最伟大源泉。[33]

因此，"前苏格拉底"一词受益于一种协同效应，来自以策

---

[32] 参看 Nietzsche 1980, 6:312–313.《看哪！这人！》之"《悲剧的诞生》"（*Ecce Homo: Die Geburt der Tragödie, 3* ）。

[33] 这里我将不会讨论海德格尔对"前苏格拉底"一词的特定用法。他对"本源思想家"(cf., e.g., Heidegger 1982, 2) 的讨论来自一种哲学的神话学，对其进行分析需要其他手段，但我在本书不会涉及。不过，其方法的某些一般特征为伽达默尔（Gadamer）所沿用，我将在后面第六章加以讨论，参看本书边码 80—84 页。

勒/第尔斯这一方为代表的历史科学,与尼采对历史方法的无情批判这另一方之间形成的奇特联盟。尽管有这样的双重加持,但因使用"前苏格拉底"一词而引发的来自不同动机的顾虑,却在希腊哲学史家当中反复出现,而这种顾虑在古风时代的哲学史那里则更为普遍。

如果说这个术语引发了不适,这不仅是因为问题与苏格拉底相关,也是由于前缀的模糊性及其概念蕴含。模糊性有两个方面。第一,一个以"前"(pre-)开头的复合词自带一种时间上的前置性,而这里指向的其实——也许凭借每一个时代化的类型学维度——首先就是一个形态特征。某些并非不重要的前苏格拉底思想家是苏格拉底的同时代人,甚至和柏拉图都在同一个时代。这种同时代性更加引人注目,因为正是在一个非凡的短暂时期里,几乎不超过一个半世纪,哲学就将自己确认为一种独特的智识取向。克兰茨在为《前苏格拉底思想家残篇》第五版撰写的序言中特别强调了一点:"苏格拉底的许多同时代人,甚至某些比他活得更久的人物,都出现在这部著作里。然而这本书仍然构成了一个统一体。这是因为存在这样一个事实,即这本书里所呈现出来的哲学并没有路经苏格拉底(以及柏拉图)的学派,如果说这不是那么前苏格拉底的哲学,那么倒不如说是古代的非苏格拉底的哲学。"[34]

---

[34] 参看克兰茨所撰前言,载 Diels and Kranz 1951–1952, viii。

值得注意的是，这些澄清无法成功地消除所有的疑虑。例如，有人已经就毕达哥拉斯学派的菲洛劳斯（Philolaus）指出，"他的年代位于所谓前苏格拉底的临界线上"[35]。事实上，对"前苏格拉底"一词的形态学解释并不能使所有的年代学观点失效，一种过时的思维模式一般不会存在太久。即使某个时代划分没有得到严格的年代学支撑，它也认可了一定的边界，人们甚至可以说这些边界对它来说至关重要，[36] 因而它确实保留了时间上的意义。这也就是为什么，当帝国时期的毕达哥拉斯学派成员因其与学派前辈成员的关系，也被《前苏格拉底思想家残篇》纳入前苏格拉底之列，某种误解就不可避免了。因为将新毕达哥拉斯学派与老毕达哥拉斯学派区分开来的特征，恰恰就是典型后苏格拉底的特征，是属于学园的。[37] 1962 年在德尔维尼发现的寓意评注，把俄尔甫斯的神谱翻译成由赫拉克利特、阿那克萨戈拉和阿波罗尼亚的第欧根尼阐发的宇宙论术语，如果说其佚名作者确实在公元前 4 世纪上半叶（发现这些莎草纸残卷的墓葬其年代在公元前 4 世纪的最后三十多年）写下这些篇章，那么他就是一个引人注目的迟到案例，超出了"前苏格拉底"一词使用的边界，使得这

---

[35] Schmalzriedt 1970, 83n1.

[36] 布鲁门贝格（Blumenberg）有关这一观念的想法，参看后文第五章，本书边码 75—76 页。

[37] 这一区分基于 Burkert 1972 做出的经典研究。

个术语不再可信，或者在使用的时候需要标注引号。就这份文献而言，其年代滞后是否可能与某种地方性有关？因为地处马其顿的德尔维尼并不是雅典，在德尔维尼发现这样一份文献，很可能与该地区在这一时期经历的显著文化发展有关。[38]

前缀"前"的第二个模糊性来源在哲学上更为重要。这一模糊依然与时间顺序有关，但却更是观念上的，"前苏格拉底"的"前"提示了"准备""预期"，但实际上不过是"低劣"的想法。因此，它构成了目的论和原始主义归因的一种完美表达，无论如何，这都困扰着对于哲学开端的历史编纂。

诚然，将苏格拉底作为复合词的第二部分，这本身就限制了对前缀加以目的论使用的自然倾向，因为在苏格拉底－西塞罗式（以及尼采的）的传统中，苏格拉底首先就代表了一场革命，无论它的参数是什么，是实践还是理论、是人类道德还是自然知识、是知识的乐观主义还是悲剧视界，前苏格拉底思想家远远没有为它做好准备，相反只是沦为牺牲品。然而有一个事实是，在对"前苏格拉底"一词的使用中，对苏格拉底的具体提及常常被边缘化了。从更广泛的意义上说，对前苏格拉底的先在性的理解不仅仅与苏格拉底相关，甚至也不仅仅与柏拉图相关，鉴于苏格

---

[38] 有关德尔维尼纸草文献的一般情况，参看 Betegh 2004。有关公元前 4 世纪马其顿的文化与宗教语境的综合考察，参看 Piano 2016, 349-356。

拉底 – 柏拉图思想的统一性，这么考虑是有道理的；而且尤其是与亚里士多德具有更重要的关系。因为那些被我们称为"前苏格拉底"的思想家们，在哲学史上第一次的目的论叙事当中被奠定主角地位，无疑就是在《形而上学》第一卷，虽然他们不是其中唯一的主角。这就是"前苏格拉底"一词的深层含义。[39] 我们该如何解释尼采在《人性的，太人性的》第 261 节"精神的暴君"当中做出反亚里士多德的攻击："尤其是亚里士多德，当他在这些人面前发现自己时，似乎没有长眼睛去看看……似乎这些了不起的哲学家白白活了一场，或者说，他们所做的不过是作为先导，预备了苏格拉底学派的争论不已和喋喋不休。"[40] 通过对"苏格拉底学派"的这种提法，其实到底谁是、谁不是苏格拉底"本人"都没搞清楚，尼采就成功地使"前苏格拉底"和"前亚里士多德"这两种界定合二为一，从而揭示了"前苏格拉底"一词之另一种用法的潜在逻辑，就好像它是非苏格拉底的一样。事实上，这种情况经常发生在复合词当中，好像前缀（"前"）的力量克服了词根（"苏格拉底"）所施加的限制。我们可以看到，海德格尔这位在某种意义上是尼采之后"前苏格拉底"的最重要拥趸，为什么他还是避开了这个术语，而只是谈论"本源思想家"（die

---

[39] 参看前述第一章注释 54。
[40] Nietzsche 1980, 2:217.

anfänglichen Denker）。[41]

因此很容易理解，策勒之后对前苏格拉底的历史学编纂见证了一些改革术语的刻意尝试。例如，一位学者用"前阿提卡哲学（或时期）"代替了"前苏格拉底"。这是一种地理调和式的尝试，它间接地受到了第欧根尼·拉尔修对希腊哲学的两个起源——东方（伊奥尼亚）和西方（意大利）——进行区分的启发；而且，它还依赖于这个观点，即哲学只是在阿那克萨戈拉那里才传入雅典，而哲学也是由据称为苏格拉底老师的阿基劳斯才得以在雅典建立自己的地位。[42] 还有人找到"前智者哲学（或时期）"一词，它预设了黑格尔的分界线。[43] 这两个建议应者寥寥，不过有一点值得强调，第二种建议至少还具有潜在吸引力，也即相对更为成功的"古风哲学"。几乎在尼采将悲剧时代建构为希腊宏伟时代的那几年里，考古学家和艺术史学家将"古风"范畴主题化，这一术语迅速横扫并掌控了包括文学、哲学在内的所有现象，而其理

---

[41] 在海德格尔那里，苏格拉底并未扮演决定性的角色。很多时候，"本源思想家"这个表述都像其他表述一样做出错误的表达，正如海德格尔强调的："本源的这个词很容易成为不完美的、未完成的、粗糙的代名词，它也经常被称作'原初的'。这也就是为何经常据此把出现在柏拉图和亚里士多德之前的思想家们称作'原初思想家'。"（Heidegger 1982, 2）

[42] 参看 Cassirer 1925；此前已经被 Eberhard [1788 /1796] 作为标准之一。Windelband (1891) 划分了一个宇宙论时期 (kosmologische Periode) 和一个人类学时期 (anthropologische Periode)。

[43] 参看 Oppermann 1929，特别是 30—31 页。内斯特勒（Nestle）在其对 Zeller (1844/52; 1919/1923) 的增补里面也已经使用了这个术语："前苏格拉底或者更方便地说，前智者哲学。" 1:225n。

想性和古典主义的意识形态特征也被遮蔽了。[44]但所有这些重新调整都没有让自己成功地替代"前苏格拉底",有位学者甚至得出结论说,这个术语的用法已经如此根深蒂固,以至于不劳费心去寻找另一个词了。[45]

更为重要的是,题为《早期希腊哲学指南》(*Companion to Early Greek Philosophy*)的论述希腊哲学开端的论文集,其主编根据亚里士多德表述的启发,[46]系统地删除了"前苏格拉底"一词,而采用了"希腊的第一代哲学家"这个表述。因为"前苏格拉底"一词通过把重点放在一种本质的连续性上,而不是放在休止符造成的停顿上,从而构成了"前苏格拉底"这一表述的主要倾向,这很可能导致目的论的解释。而亚里士多德的表述提供了一个富有吸引力的解决方案,将前苏格拉底与尼采赋予他们的功能脱钩。在这一视角下,可以理解"希腊的第一代哲学家"这一表达更多的是源于盎格鲁-撒克逊的历史编纂学传统,而与对前苏格拉底的"欧陆"传统相对立。[47]当然前者也没有排除哲学史

---

[44] 有关"古风时代"这个概念,参看 Heuss 1946 以及 Most 1989。哲学史上对"古风"术语的使用,例如 Hoffmann 1947;还可参看 Reinhardt (1916/ 1977), 52。

[45] 参看 Mansfeld 和 Primavesi 2011, 9–10。

[46] Long 1999, 5–10;以及 21n33。

[47] 参看伯奈特(Burnet, 1892)的经典著作《早期希腊哲学》。以同样的方式,莫斯特和我已经将我们在洛布系列(2016)编纂的文献集定名为《早期希腊哲学》(*Early Greek Philosophy*),其中也包括了"苏格拉底"的一章。

上的各种"转折点"和停顿，但它把重点放在了哲学的确立上，超越了所有各种差异，落脚在哲学的本质同一性上。

"前苏格拉底"和"第一代哲学家"之间的对立并不那么僵化，"前苏格拉底"一词继续被随意使用，人们不考虑它可能传达的观念。这不仅是由于这些观念事实上在一定程度上是不可调和的（前苏格拉底思想家真的因为先于苏格拉底而就是非苏格拉底的吗，抑或，他们是前亚里士多德而预见亚里士多德的吗？），相互中立的，而且也是因为它们各具自身优势。

首先，"前苏格拉底"的优势在于它是一个语言学上方便的术语，无论是作为一个修饰语还是作为一个名词。苏格拉底的出现作为一个不可否认的智识和精神分水岭，通过将在此之前的那些思想家的共同点全部归入同一个领域，它标志着一个在哲学思想史上无疑具有重要意义的转折点，即使言过其实，这种重要性在另外一种相似关系中也得到了很好的表达，即一些作者毫不犹豫地在苏格拉底和耶稣之间追寻的那种关系。[48] 但是在这个智识理由之外，还必须加上另一个质料性的理由，而后者也许还没有得到充分的反思。

"前苏格拉底"组成的群体拥有一种确定的同质性，而这个

---

[48] Baur 1876；以及参看 Fascher 1959。

术语给予我们的感受又得益于这样一个事实，即他们的著作没有一部或者几乎没有一部还能完整地为我们获得。这既不同于苏格拉底，因为他把书写的任务留待他人，也不同于柏拉图和亚里士多德，因为他们的作品都保存下来留给了我们，要么是完整的，例如柏拉图，要么是很大一部分，例如亚里士多德。而对于前苏格拉底思想家，我们只能阅读他们的残篇。"残篇"一词出自《前苏格拉底思想家残篇》，在宽泛的意义上，它包含了口述、学说摘要（或者说"学述"[doxographies]）、转述、评注、典故以及传记报告。简言之，通常是零碎的只言片语，能够支持重建不可或缺的全部信息。

文献状况需要经由其历史流传来进行解释。新柏拉图主义者辛普里丘（Simplicius）在公元6世纪末仍能接触到一定数量的"古人"著作，此时已经是他们写作时日之后的大约十个世纪了。他明确告诉我们，他查阅了阿波罗尼亚的第欧根尼的著述的第二卷，后人一致认为，他对巴门尼德、恩培多克勒或阿那克萨戈拉的长篇引述，特别是他对亚里士多德《物理学》第一卷的评论，都源于他对原始文献的阅读。[49] 但辛普里丘自己也意识到，他是

---

[49] "其《论自然》，是他唯一被我得见的著作。"（Simplicius, *Commentary on Aristotle's Physics,* p. 151, 28–29 Diels）但学者们并不确定辛普里丘是在哪个图书馆见过。阿多（I. Hadot, 1987, esp. 19）认为并不是在雅典学园，而是辛普里丘流放到波斯时，在哈兰（Haran）的图书馆读到的。

在保护一份遗产。亚里士多德所引用的，因而也是直接引发他自己兴趣的那些作者，无论是阿那克西曼德或者阿那克西美尼这样更为古老的作者，还是像德谟克利特这样稍晚的作者，都已经很久没有人重新抄写他们的著述了，更不用说其他那些不那么重要的作者。如果说在12世纪，特奥多·普罗德罗莫斯（Theodore Prodromos）和约翰·蔡策斯（John Tzetzes）在君士坦丁堡还能读到恩培多克勒的文献的话，那么他们肯定就是最后确定还见证过前苏格拉底思想家文本的直接目击者。的确，吉奥瓦尼·奥里斯帕（Giovanni Aurispa）在1424年的一封信中还提到了恩培多克勒的一本名为《卡塔莫伊》（*Catharmoi*）的抄本，他声称自己把这本抄本和他去东方旅行时搜集的其他书籍一起带回了威尼斯。这说明恩培多克勒的抄本可能在1204年君士坦丁堡破城之后还得以幸存，但为了重新发现这本抄本而进行的再度搜寻并未成功。[50]

　　因此，没有一部"前苏格拉底"的作品经由中世纪传统的接续而传到我们手中。在几乎所有情况下，我们对前苏格拉底思想家的所知都来自其他作者，后者引用前者，将前者传递给我们；或者更普遍的情况是，后者在自己的著作中谈到前者。当然也有一些例外。纸草传统代表了中世纪传统之后第二种"直接"传播

---

[50] 有关恩培多克勒文献在拜占庭时代的情况，参看 Primavesi 2002, 197–201。有关奥里斯帕所称的抄本，参看 Mansfeld 1994。

的形式，它偶尔能够丰富我们有充分理由相信已经形成闭合的文献库，时不时地就会出现一些新材料。1916 年在埃及的俄克喜林库斯（Oxyrhynchus）发现了一份纸草，上面书有智者安提丰（Antiphon）的一篇论述残篇，这理所当然地引起了轰动。前面我已经提到过德尔维尼纸草。[51] 同样令人惊叹的是 1999 年首次出版了恩培多克勒的纸草残篇。这些残篇自 20 世纪初以来就一直躺在斯特拉斯堡埃及学博物馆的玻璃柜中等待着被解读和重构。[52] 这些新增发现虽然具有启发意义，而且令人欣喜，但丝毫没有改变文献库总体上的残断特征；甚至，文献的残断并非源于实际引用中的片段性，而是来自书写支持本身的脆弱性。

其他大量古代文献尤其是哲学文献都已烟消云散，包括那些希腊化时代的学派，斯多亚派、怀疑论者、学园派、伊壁鸠鲁主义者等等。从一定的长距离时段回看，它们的消失并非出自简单的偶然因素。所有这些哲学都是失败者的哲学，在自身已经呈现了一段时间之后，最终屈服于柏拉图主义和亚里士多德主义的联盟。斯多亚学派尤其如此，它曾经一度成为帝国的官方**共同**（*koinê*）哲学。在某种程度上，前苏格拉底的情况也与此类似。在苏格拉底和柏拉图已经超越了他们，而亚里士多德又吸收了他

---

[51] 参看本书边码 29 页。

[52] 参看 Martin 和 Primavesi 1999。

们之后，尽管希腊化时代的学派又重新唤起了对他们的新的兴趣，但或许也正是因为这种兴趣，两者同病相怜。由于它们所处的历史境遇及其传达的象征意义，他们所涉及的，一方面是哲学的"诞生"，另一方面是苏格拉底的"诞生"。这就更难抵挡人们出现这样的感觉，这样一个精神的历史**纪元**，随着它们著作的消失而被吞噬。因此，当他们以残篇的形式存活至今，虽然事出偶然，但对于一个本来就成问题的身份来说，这似乎又是最没有争议的标准之一。

第三章 哲 学

上一章指明，我们在何种意义上可以把前苏格拉底哲学家们称作是前苏格拉底的。但是，在何种意义上他们就是哲学家呢？尽管柏拉图特别是在《智者》当中，把古风时代的某些人物视作哲学家，也就是说，认为他们或者是真正地、或者是隐约地分享了自己的特定兴趣或问题导向，并且柏拉图也认为这些问题也是属于他自己的。不过就《智者》而言，关于"是"的问题就不太好说真是如此。[1] 把"第一代哲学家"的地位给予那些被我们称为前苏格拉底的思想家的是亚里士多德。[2] 这个称号的合法性仍然存疑，不过这么称呼他们实际上已经对希腊思想的历史编纂产生了重大影响。由于我们对前苏格拉底思想家的认识，在很大程度上是由柏拉图特别是亚里士多德直接或者间接塑造的，他们决定性地主导了我们对哲学起源的解读。自19世纪末以来，对古风时代思想的历史研究有一个强烈倾向就是，把前苏格拉底思想家

---

[1] *Sophist* 242c（参看本书边码 36 页）。

[2] 参看本书边码 15 页。

从亚里士多德所做筛选的影响力当中解放出来,就像尼采那样,但并不一定是以尼采同样的精神,也不一定是从他那样的前提出发。[3] 在对前苏格拉底的思想内容去亚里士多德化的基础上,近些年来的研究与方案又增加了对哲学形式本身[4]去亚里士多德化的要求,以便我们能够从不同角度对其分门别类。例如有人提出,把毕达哥拉斯、赫拉克利特或克塞诺芬尼这样的人物称为"圣贤"而不是"哲学家",或许更为合适;而阿那克西曼德和阿那克西美尼与赫拉克利特和巴门尼德则不同,前两位更像科学家而非哲学家;或者巴门尼德还有恩培多克勒可以他们的真实身份出现,也即祭司或者巫师,如果把他们从曾经沦落其间的哲学理性化之中解救出来的话。[5]

在这些重新分类的尝试当中,有一些比另外一些更有说服力,而它们提出的潜在问题实际上是将哲学作为一门独立学科**分化**出来的问题。这里我将着重讨论两个方面,从更广泛的角度讲,是神话(*muthos*)与理性(*logos*)的分化;从更具体的角度讲,则是科学理性与哲学理性的分化。

---

[3] 与尼采风格迥异,我们这里将介绍 Reinhardt (1916/1977) 以及 Cherniss (1935/1964) 的观点。尼采的立场请参看本书边码 11—12 页。

[4] 在此方面的工作,例如可以参考 Havelock 1996。

[5] 当今广为流传的"圣贤"概念,参看 Nightingale 2004, 29-30;对科学与哲学的区分,参看 Mansfeld 1985;关于巫师的方式,参看 Kingsley 1995/1999/2001/2003)。

理性在希腊的出现和发展经常被描述成是从神话脱离出来的。说实话，如果把它理解为希腊哲学的最初表现形式摆脱了神话的表达方式，这么说没有什么问题。例如，赫西俄德的《神谱》就有充分的理由被归类为"神话"，因为它将人物付诸行动，并设计了文学情节。但尽管赫西俄德神话具有独特的体裁，在某些特征上它还是接近哲学，如果此时哲学尚未诞生的话。[6] 但是，"从神话到理性"这个表达式往往在更一般的意义上被用来表示理性的到来，它将终结一切形式的神话话语，即使不是事实上的，至少也是法理上的，神话从此被认为已经得以克服。然而最后这种解释中的这个表达式其实是有问题的，不仅仅是因为在哲学上，当代思想的众多倾向都涉及对启蒙运动的批判，而且在学术上还需要澄清相关的解释范畴。

德国浪漫主义者对"神话"的重新评价，尼采对理性的批判，海德格尔在现象学框架内对理性的解构，霍克海默和阿多诺对理性之极权主义特征的谴责，所有这些思想发展都以这样或那样的方式，对理性就是直接承继神话而来的观点提出了质疑。有的人假设神话是理性的未来，而并非只是它的过去；还有人假设理性与神话相比并没有什么优先性，或者有人径直认为理性根本不具备任何终极性。而人类学、宗教研究和各种比较研究也为否定这

---

[6] 特别参看 Gigon 1945；Diller (1946/1966)；Fränkel 1975, 108n30。

个表达式做出了巨大贡献，与启蒙思想家相比，不仅为神话提供了更为复杂、更为充分的定义，而且还降低了理性的诉求，要么表明理性在神话当中也有其作用，要么表明除了西方理性之外还有其他的理性。这就解释了为什么现在"从神话到理性"这个表达式通常都会用一个问号来修饰。[7] 以上质疑其实已经令人满意地处理了在定义"神话"和"理性"这两个术语当中遇到的困难，与此同时，也处理了设想从一个"阶段"过渡到另一个阶段可能遇到的困难。但是，这些质疑与尝试解释这个新阶段以何种方式历史地发生，并且会遭遇何种不可否认的问题并无关联。[8] 此外，也有很好的理由让我们继续沿用这个表达式，因为它能够将我们的注意力集中在旧的思想形式和新的思想形式之间的不连续性上，这种不连续性的存在是难以否认的，而且，对这种不连续性做出说明显然也是重要的。[9]

---

[7] 参看题名为《从神话到理性?》的论文集（*From Myth to Reason?* Buxton, 1999）。该书开篇就是已成为这一争议话题的象征性作品——内斯特勒（W. Nestle）的《从神话到逻各斯》（*Vom Mythos zum Logos*），在这本出版于 1940 年的著作导言中，人们读到："沿着从神话到理性的道路行进，从精神上的不成熟上升到成熟，这似乎是为雅利安人保留的特权，因为雅利安人是受惠于自然的最好种族。而在他们中间，这种发展只能追溯到希腊人，在其他任何地方都不能比这种追溯更清楚了。"（6 页）当然，这个宣称并没有真正影响到本书的内容。

[8] 参看对韦尔南有关希腊理性的产生的主题分析，"城邦的女儿"，后续第四章边码 57 页。

[9] 韦尔南的视角非常重要，他系统批判了"希腊奇迹"的观念（参看后续第四章边码 55 页），将"从神话到思想"的标题放到其《希腊人的神话与思想》一书的最后一部分（Vernant [1965/2006]）。

事实上，完全有可能克服上述两个困难，因为没有任何东西能够迫使我们把从神话到理性的转变设想为"希腊思想中的英雄及其渐进变化"[10]，仿佛要做的就是将现有的全部数据全面、详尽地纳入一个单一模型之中。相反，更合适的方案应该是分离出来一个时刻，尽管它**意义**重大，也还要知晓其例外、变异和回撤，就像韦伯的理想类型一样，正如卡西尔在《国家的神话》中所坚称的，没有什么比相信神话不能回归更危险的了。[11] 至于"神话"和"理性"这两个术语本身，从功能上对它们加以使用还是合适的，这也使得我们免于必须给它们下一个过于狭隘的明确定义的义务。不过，在这里对概念进行一些区分还是不无助益的。

斯宾塞（H. Spencer）是第一个把分化概念作为一般进化论之核心要素的人，他把分化定义为"从不确定的、不连贯的同质性到确定的、连贯的异质性"的变迁。[12] 这个定义的作用在于，如果把它应用于神话与理性的分化这个案例，就会表明，并非**在开端之处**只有神话，除了神话之外什么也没有，之后就是**理性**，除了理性之外什么也没有；而是，理性对神话的分化勾勒出一个新的力量场，并从中释放出新的可能性，从而诱发了话语立场的重新分配。当然，可以提出的反驳是，对于从神话过渡到理性的这

---

[10] 这句话是巴克斯顿所言，来自 Buxton 1999, 4。

[11] 参看 Cassirer 1946。

[12] Spencer (1862/1908), 291 (§ 125).

种阶段化观念来说，以如此方式设想出来的分化概念有可能从根基上破坏而不是加强它。因为，只要它假定神话是分化的产物，而不是未被分化的起源，岂不就排除了把"神话"称为初始术语的可能性了吗？"同质性"不正是事物的一个条件，根据定义，它不是先于神话和理性之间的区分吗？

这个反驳是一个真正的反驳，如果我们不考虑"神话"和"理性"之区别的**功能**特征，这个反驳将是决定性的。我们如何理解从希腊术语 *muthos* 和 *logos* 的关系史中产生的这种区别，就最终如何从中产生了现代的 myth/reason 这对词汇，即使这一对术语与前面一对术语并不完全吻合。

这两个词与"言语"（speech）的语义域发展有关。[13] *Muthos* 最初指的是一个故事的"内容"，并倾向于与 *epos*（史诗）相对立，后者指的是"质料"方面，即言语被明晰表达的"载体"。这也就是为什么在最早的用法中，*muthos* 常常指代一种意见或意图，通常具有表演性，使其具有决定、命令或者建议的意义。[14] 但这个词也可以表示一个"故事"所特有的叙事，在这种用法中，它

---

[13] 有关"言语"的简明但令人欣喜的数据报告，参看 Calame 1991。

[14] 这是一种"详尽、权威的言语行为"，参看 Martin 1989, 13n42; 68。蒂特涅（M. Detienne）认为有义务将"谣言"的最小限度含义，与"神话的发明"（包括古代和现代；见 Detienne 1986）所衍生出来的全部含义以双曲线的方式对立起来，而谣言只是一个复杂语义域中的各种可能性之一。

就与 *logos* 形成竞争。*logos* 这个词在荷马史诗中还相当罕见，往往在专门用于（史诗）韵文、诗句的 *epea*（*epos* 的复数形式）的特殊用法之外，*logos* 才会出现，相应地往往指代任何类型的话语（discourse），特别是散文中的话语。

无论是 *muthos* 还是 *logos*，一个故事最初对于断真问题本来就是中立的；我们可以规定一个 *muthos* 或者一个 *logos* 是真或是假（而且这种规定也不会显得多余）。这种情况一直如此，即使后来的文本明确地将 *muthos* 的规定性推向虚构的一边，将 *logos* 的规定性推向实在的一边。这种趋势又被另一个平行线复制，最终导致 *logos* 接管了一切属于论证（即以论证进行推理）的东西，而与 *muthos* 相对立，*muthos* 最终只是接管了叙述自己给自己留下的遗产。[15]

因此，在希腊语的领域内，*muthos* 和 *logos* 这两个术语经历了一个**发展**过程和一种规范化，即从一种未分化的状态过渡到一种分化的状态。[16] 这不是一个过时和"替代"的问题——尽管这也是分化本身会提供的可能性之一，而是一个语义"域"的形成，其相关要素可以根据三个基本的对立面得到清楚界定：叙事性与论证；虚构与真；遥远的过去与实际的现在。神话／理性的关系

---

[15] Burkert (1979, 32) 将神话的"序列"和理性的"后果"区别了开来。

[16] 参看 Calame 1991, 187。

依然存在，而术语的内容——无论就其形式的确定性还是就其内容的规定性来说——以及划分它们的界线却在变化。

正是在这个意义上，神话与理性的区别不是实质性的，而是功能性的。从这样的角度看，没有什么可以阻止神话本身能够成为理性活动的产物，反过来也没有什么可以阻止理性能够成为神话。对于这样的反转，我们知道在古代就有很好的例证。当柏拉图在《智者》中说，所有那些在他面前谈论是（being）的人，无论是多元论者还是一元论者，都是**神话**的讲述者。并不是因为他们是在目的论叙述的框架内这么做（即使他们中的一些人确实如此），而是因为他们都回答了所是者（beings）的数量问题，但却都没有反问自己"是"这个词的含义到底是什么，他们的神话学说都没有能够提出适当的问题。[17] 在《形而上学》的第一卷，亚里士多德将第一代哲学家与同样求助于神话的神学家们区分开来，其依据一个是**差异**的标准，一个是内在的标准，前者有其对象即"自然"，而后者则没有。[18] 但伊壁鸠鲁以一种在现代读者看来可以揭示启蒙思想家之辩证法的方式，颠覆了这一确定区分，他将"神话"一词应用于某种教条式的自然学说，以对现象做出

---

[17] Sophist 242c8, 244a3-b4.

[18] "自然"一词在这里并不是指自然现象的世界，而是指在可能的变化情况下，某一事物的持存，也即事物的本性，而不是指自然事物。但这丝毫不妨碍"自然哲学家"做他们的自然哲学，但从亚里士多德的观点来看，这具有偶然性，就像对苏格拉底来说，伦理学只是为了达到定义而让其从事问题探究的私享领域一样。参看本书边码 16 页。

说明，当几种不同解释都与感觉数据一致时，就任意选择一种解释。[19] 此时，神话只是在不尊重确定的认识论原则时必须支付的价码。

神话与理性之间的关系是功能性的，因而也是灵活的，但这个事实显然并不意味着理性不能以一定数量的理想类型特征来全面展现它与神话相对立的特点。恰恰相反。关于哲学理性，我们可以说，它的首要表达方式就是通过一类具体的论证来拥抱一种确定的内容；这种内容是一个总体性，在其中自然大全是最彰显的规定性，即使它不是唯一可能的规定。从否定的方面而论，哲学并不涉及传统的神性，但同时又能够在一个重构的世界中为它们重新赋予确定的角色；而从肯定的方面而论，它包含了一种新的理性，其最可见的语法标志就是越来越多地使用解释性的连词"为了"（gar），即使确实有许多前苏格拉底思想家的论点仍然是含蓄的。在这对关系中，两个术语并不对称，因为哲学的发展史总是一部思想内容与形式之关系的历史，最终，也是从一阶思维向二阶思维过渡的历史。柏拉图的《斐多》将这一过渡归功于苏格拉底，[20] 如果我们牢记上述展现的规定性，就没有理由不将这一发展描述为从 muthos 到 logos 的过渡。

---

[19] *Letter to Pythocles* §§104, 115, 116.

[20] 参看本书边码 12—13 页。

至于科学与哲学的分化，这一直是两种分庭抗礼的分析的对象。对一些学者而言，科学和哲学的专业化发生得很早，从公元前6世纪末和公元前5世纪初就开始了，当时人们已经可以看到赫拉克利特这样的"纯粹"哲学家，而在他旁边也可以找到天文学家特尼多斯的克利奥斯特拉图斯（Cleostratus of Tenedos）或者历史学家和地理学家米利都的赫卡泰乌斯（Hecataeus of Miletus）这样的"纯粹"科学家。如果我们按照上文提到的曼斯菲尔德的建议，[21] 科学这个词也可以适用于阿那克西曼德和阿那克西美尼，就此而言，他们将不得不被视为宇宙论者而非哲学家。公元前5世纪只不过是加深了这种专业化，尤其是在科学领域，出现了一流的数学家，如开俄斯的希波克拉底（Hippocrates of Chios）、昔兰尼的特奥多鲁斯（Theodorus of Cyrene）和泰阿泰德（Theaetetus），他们都没有留下任何哲学研究的痕迹；而像天文学家，比如开俄斯的厄诺皮德斯（Oenopides of Chios）、梅顿（Meton）和雅典的尤克特蒙（Euctemon of Athens）；还有一些医生，他们的许多论述都是专门讨论纯科学问题的。[22]

但也有人认为，如果我们总是追随古人，自发地重提他们的学科分类和区分，比如哲学、智慧、诡辩、历史、自然、医学、

---

[21] 参看本章注释5。

[22] 参看 Zhmud 2006, 18–20。关于将阿那克西美尼和阿那克西曼德归于科学人物分类，参看本书边码35页。

数学等等，这将会造成误导，因为归入这些术语下的活动并不属于已经分化出来的智识和科学领域。[23] 以最令人感兴趣的数学为例，确实像开俄斯的希波克拉底这样的人物已经呈现了某种专业化，因为他将自己完全投身于解决数学问题。但是，我们是否可以由此推论出存在着古代"数学家"这一类别，而希波克拉底、尤克特蒙和梅顿就是其中的代表？有两组理由表明，这可能是引人生疑的。第一，从消极意义而论，事实上我们对尤克特蒙几乎一无所知，而梅顿也只有阿里斯托芬对他的描述，传统中的泰勒斯让人想到的是一种百科全书精神，而并不会把他当作一个专家。[24] 第二，更重要的是，有一些并非数学家的人物也在数学领域从事"专业"工作，如安提丰、布赖森（Bryson），还有德谟克利特。[25] 至于医学，实际上希波克拉底的文献集反映了非常多样的兴趣，不能轻易地都归入专门的医学概念，因为其中讨论的有宇宙论的、语言学的或者人类学的问题，而不仅仅是更为狭义的医学问题。[26]

这些因素使得劳埃德（G. E. R. Lloyd）谈论了"公元前6世纪和公元前5世纪智识活动地图的复杂性"，以及，"无论使用他们的类别还是我们自己的类别，都很难将特定的个人归入整齐划

---

[23] 劳埃德（G. E. R. Lloyd）不止一次对此进行了论证，例如可以参看 Lloyd 2002。
[24] Birds 992-1020.
[25] Lloyd 2002, 48-49.
[26] Ibid., 44-45.

一的确定类别"。他还说:"对'哲学家'来说是如此,对'数学家'和'医生'来说也是如此,在柏拉图之前的学科边界一直是既有争议又有弹性的。"[27]

从这里出发再到否认存在前柏拉图哲学的东西,只有一步之遥,有学者毫不犹豫地迈出了这一步,认为"哲学学科……不是天生的,就像一个自然有机体那样。相反,它是一种人为的建构,必须被发明出来,并作为一种新的和独特的文化实践而被合法化。这一实践发生在公元前4世纪的雅典,柏拉图为一门新的专业学科挪用了'哲学'一词。这门学科是在与柏拉图的前辈及其同时代人所承认的许多种 *sophia* 或者说'智慧'相对立的意义上而被建构出来的"[28]。

现在,虽然没有人会想到去否认柏拉图或者苏格拉底在哲学的定义与实践上留下了深刻印记,在衍生开去的意义上,我们甚至可以说他们是哲学的发明者。但把这个人为的词汇用在自然与有机生长的模式上,就会忽略了哲学的出现作为一个文化进程的本质所在,甚至会丢弃掉这个事实,即柏拉图发明了哲学学科这个看法建立在一个有争议的事实基础之上,我们一会儿就会看到这一点。即使承认在前苏格拉底时期还没有任何一个知识分支已

---

[27] Lloyd 2002, 53 页。这里是对劳埃德法语论文的翻译。

[28] 参看 Nightingale 1995, 14;以及 Nightingale 2004, 30。

经实现了真正的专门化，但是人们也很难否认我们可以把握到某种专门化的**进程**。而这恰恰是一个有趣的现象。

对这一过程之本性的理解，不能把流动性或复杂性与专业化这一静态范畴对立起来，因为这些都不失为一种静态。专业化的动态过程将自己表现为一个必然的异质化过程，每个学科都拥有自己的前史、自身发展的条件与节奏，以及与其他知识分支互动的独有方式。此外，由于哲学的"对象"相对来说较不确定这个事实，哲学无疑比其他学科更容易受到不断的重构。像其他地方一样，荷马史诗里有医生，巴比伦人里面也曾经有天文学家和数学家。尽管荷马史诗里的医生和希波克拉底这个医生之间、巴比伦天文学和希腊天文学之间存在着根本的差异，但似乎很难否认，在一定层面上它们都涉及某个特定的对象（伤口和疾病、天文现象等等）。但哲学这里的情况则不尽相同，因为哲学必须设想一个对象，或者也许更好的是，必须设想一套全新的问题，而不仅仅是对一个已经得到相对限定的内容投以一个新方法予以考察。**智者**（*sophos*）和**哲学家**（*philosophos*）之间的关系无疑与原始天文学家和天文学家之间的关系不同，这也就是为什么哲学的起源问题，以及从智慧到哲学的过渡问题对古人和我们来说，都一而再再而三地反复被提出来。[29]

---

[29] 关于哲学特有的可塑性，参看本书边码 48—49 页。

尽管我们有关"哲学家""从事哲学"（philosophize）和"哲学"等术语的资料并不完整，但我们对它们的了解已经足以认为，在公元前5世纪的最后三十余年它们就开始在准技术的意义上被使用了，那是一个将"对自然的探究"如此界定的时代。[30]但这并不意味着，在这样或者那样的情况下，我们不能或者不应该再往前追溯。与一种普遍的预设相反，一种活动或表达之所以存在的标准并不是由相应语词的存在来提供的。因为语言可以是创造性的，但它也拥有自身的惯性。如果说新词总是可能的，那么偶尔也必须经过一段时间之后，语言才会凭借其滞后原则，反映出实践中的某种变化。重要的是，我们要在某个概念出现之前，实际上就是在这个词本身出现之前，能够持续地将某种智识路径描述为是"哲学的"。

对古人而言，他们倾向于将事物看作与其语词一起出现。[31]因此，人们很容易理解，将"哲学"一词的发明归功于毕达哥拉斯，这与将哲学理解为一种理论活动的观念有关，我们已经在第一章中提到毕达哥拉斯对僭主莱昂做出的这方面解释。[32]有人提出，在赫拉克利特的一个残篇中（因此是在公元前6世纪和公元前5世纪之交）发现的这个词（尽管还有争议）确实可以追溯到

---

[30] 参看本书边码2—4页。

[31] 参看Burkert 1970。

[32] 参看本书边码10页。

毕达哥拉斯，这就将我们带到了公元前6世纪末。但与大多数学者一样，似乎更合理的看法是，我们在这里可以看到一种追溯的想法，就目前而言无疑是源自毕达哥拉斯学派对柏拉图学园给予的影响。[33]

在任何情况下，"哲学家"（*philosophos*）这个词既不是荷马也不是赫西俄德出于格律原因而加以使用的，我们可以肯定，它是一个相对较晚的创造，它的第一次使用是在公元前5世纪中叶，此时远远没有出现暗示任何类型的哲学学科的想法。在大多数情况下，那些"哲学家"在挪用这个词的时候，都不得不将自己与这个术语所指称的内容截然区分开来。最著名的案例就是柏拉图《理想国》的第5卷——虽然或许其他人比他还要早，例如赫拉克利特的残篇（Frag. B35 DK = D40 LM[34]）。柏拉图在那里反对以真正的哲学家们（*philosophoi*）——依照苏格拉底 - 柏拉图的视角，这个词的词源学分析意义是"那些热爱智慧的人"——去指称那些篡改了这个词的、仅仅只有好奇的人们，柏拉图认为，这些人最好被称为"那些热爱围观的人们"（*philotheamones*）。[35]

---

[33] 对西塞罗记载之真实性的探求，参看 Riedweg 2002, 120-128。对此问题的经典讨论可以在 Burkert 1960 看到，还可以参看 Gottschalk 1980, 29-33。

[34] 对这个残篇的解释带来的问题，参看本书边码 44—45 页。

[35] *Republic* 5.475d.

因为，首先，"从事哲学"根据上下文的意思是"表现出好奇心""培育自己的思想""热爱讨论"。[36] 当修昔底德让伯里克利把雅典人至高无上的事业之一归结为"我们实践哲学而不陷入软弱"时，他指向的其实是一种辩论和进行审美判断的文化。[37] 此前一代人正是因其智识上的心灵开放性和对全世界的体验，才使得吕底亚国王克罗索斯（Croesus）说到访其宫廷的雅典人梭伦"实践了哲学"：

> 当他［即梭伦］观察了一切，审视了一切，克罗索斯找到机会对他说："雅典的陌生人，由于你的智慧和你的流浪，你在我们中间享有很大的名声，因为，你实践了哲学［即在你的求知欲中］，你为了观察的缘故，走遍了地球上的许多地方。"[38]

"哲学家"是伟大的知识爱好者，对世界上的事物充满好奇，因而喜欢去旅行，这种想法可能同样存在于上文提到的赫拉克利

---

[36] 此外，这也是这个词永远不会失去的意义，而且从伊索克拉底开始，这些意义就被一般的文化倡导者用来反对哲学本身，但直到柏拉图才完全确立了其新的轮廓。

[37] Thucydides, *History of the Peloponesian War* 2.40,《伯罗奔尼撒战争史评注本》, Frede 2004, 21–22。

[38] 见 Herodotus, *The Histories* 1.30，在这句引文里，*philosophein* 和 *theôria* 这两个词都是在前哲学的意义上（*theôria* 是指对风俗习惯的观察）被加以使用，它们的复合形式显然值得我们保持关注。

特残篇中，[39] 如果大多数编辑者都选择印行的这个文本能被大家接受的话。该残篇将"哲学"与好奇心联系在一起，"热爱智慧 [*philosophoi*] 的人必定是深入许多事情的探究者"。[40] 对此残篇存在两种解读，人们必须在其中选择其一。要么赫拉克利特是在攻击他在其他地方都严词拒绝的"博学者 [*polymathiê*]"，[41] 如果是这样，像梭伦那样"从事哲学"正是人们必须避免的行为。或者，以一种可以预见的《理想国》第5卷中柏拉图的批评姿态，他是在申明，为了真正地从事哲学，一个人无疑必须见多识广，但这还不够。在某种情况下，赫拉克利特的这一残篇将反映出一个决定性时刻，即一个当下正处于分化过程中的活动对一个手边术语的挪用；在另一种情况下，它只是在为一个进程提供证据，在此进程中，"哲学"在其术语的技术意义上建构其自身，并以一种仍然匿名的方式，反对它迄今为止的身份（对世界的好奇心，注定要变成简单的好奇）。[42] 这两种解释显然都以赫拉克利特确实使用了"哲学家"一词为前提，但在如此早期就明确使用该术语也表明存在着明显的问题。一些学者认为，它可能只是出自亚历山大的克莱门特（Clement of Alexandria）的注释，最好将其从赫拉

---

[39] 其文本编号，参看本章注释34。
[40] 21B35 DK = HER. D40 LM。
[41] 21B40 DK = HER. D20 LM。
[42] 就我而言，我倾向于第二种解释，看起来更为有趣，也更为可信。

克利特原始文本中删除。[43]

事实上，这些数量相对较少但意义重大的数据再次指向公元前5世纪的最后三十余年，即"哲学家"和"哲学"这两个词开始指代一种特定类型活动的时期，虽然这并不意味着它们是在展现一种"专门化"的研究。从柏拉图和色诺芬的对话中可以判断，苏格拉底在这一时期已经对这个词进行了独特的使用，他从亲历者的视角将哲学与追求幸福联系起来。但撇开苏格拉底不谈，至少还有三个证据可以证明这个词在同时代已经不可否认地专业化了。

第一段话出自希波克拉底派的《论古代医学》第20章，在其第一章就引用了"探究自然"的内容。[44] 在其前后文本语境中，这段话特别有意思，因为它包含了抽象的实质化哲学（*philosophia*）的第一个证据：

> 某些医生和智者［或：专家］说，不知道人是什么的人是不可能懂医学的。但他们所说的属于哲学，就像恩培多克勒或其他论述过自然的人一样：从一开始人是什么，他第一次是如

---

[43]　参看 Wiese 1963, 258–259f. 以及 Burkert 1960, 171。将"哲学"一词的发明归功于毕达哥拉斯的学者们论证说，赫拉克利特残篇中出现"哲学"一词，是赫拉克利特对毕达哥拉斯名字的引用，虽然是出于贬义。见残篇 Fr. 21 B129 DK = HER. D26 LM。

[44]　参看本书边码 2—3 页。

何出现的,他是由什么东西构成的。但对我来说,我认为,无论那些专家或医生对自然说过或写过什么东西,与其说是属于医学技艺,不如说是属于绘画艺术 [*graphikê*],而且我认为,要想对自然有一些清楚的知识,除了医学之外,没有别的来源。

这段话提出的一个问题是,是否传统医学作家将 *graphikê* 这种技艺与哲学相提并论,从而使后者处于劣势,要么是被理解为"绘画",要么是被理解为"书写"(实际上是"文学")。因为动词 *graphein* 既可以是"绘制"的意思,也可以是"书写"的意思。在这里给出的翻译中,人们可以发现这样一个事实的重要性,即实质性的 *graphikê* 在公元前 4 世纪只在绘画的意义上被确认,而这个已经拥有的既定意义在公元前 5 世纪末就已经得以确立。[45] 此外,哲学与绘画之间的和解,乍看起来似乎令人惊讶,但在这个语境里,似乎比哲学与书写之间的和解更为合适。这并不像是有人提出的那样,和解是来自对恩培多克勒的提及。他在论自然的诗篇中把阿佛洛狄忒作为力量的名称之一,尽管他更多把这个力量称作"**爱**",阿佛洛狄忒从四个根本的"根"出发,创造了无限的各种自然形式;因此恩培多克勒将阿佛洛狄

---

[45] 参看 Jouanna 1990, 208n8; Vegetti 1998。Schiefsky(2005, 309-310)更青睐"书写技艺",他说希波克拉底派的写作者们虽然会攻击那些从事文学作品创作的书写者,但其实他们自己也不过如此。

式与艺术家相提并论，因为艺术家从基本颜色出发，获得了各式各样的图像形式。[46] 只有恩培多克勒笔下的阿佛洛狄忒自己也从事哲学，这样的典故才有意义，但事实并非如此。更不用说那位医学作家针对的不是恩培多克勒，而是恩氏所代表的谱系学方法——这种方法要追溯起源，但与画家的调色板的类比并不能说明起源。在这篇论文的框架内，它针对的是医学的一种思辨类型，这种医学被指责为基于不合法的预设来操作，[47] 因为绘画也被认为是一种**再现式**（representation）技艺的典范，与医学技艺相比，它是纯粹的"理论化"，而医学技艺的目标是治疗或减轻病痛。[48] 这种针对哲学方法的批评，对于恩培多克勒来说会更加严厉，后者曾经强调他的知识的有效性，"从冥王哈德斯那里带出一个已死之人的能力"这种奇迹力量就说明了这种有效性。[49]

无论我们怎样理解这一点，《论古代医学》的这段话不仅刻画了内部和外部（医学自身内部、医学与哲学之间）的双重"学科"冲突，而且通过用这个词指向那些研究"自然"的人，即使他们

---

[46] 31 B23 DK = EMP. D60 LM.

[47] Herodotus, *On Ancient Medicine,* chap. 1.1–3; 13; 15–16.

[48] 参看 Pohlenz 1918，他认为，这种和解建立在这样一种观念上，即绘画和哲学一样，都属于被认为是次要的、没有必要的技艺范畴。参见柏拉图在《法律》中的立场。Plato, *Laws* 10.889d3.

[49] 31B111 DK = EMP. D43 LM. 论恩培多克勒作为一个奇迹，参看 Vegetti 1996。

的方式是不合法的，但也证明了"哲学"这一术语的使用。

与此相关的第二个文本是高尔吉亚（Gorgias）的《海伦颂》（*Encomium of Helen*）第13节，该文在讨论说服力时，区分了三个领域的论述活动：1）"天象学家 [*meteôrologoi*]"的论证（*logoi*）；2）参与审判各方的辩论（*agônes*）；以及最后的3）哲学争论（*hamillai*）。鉴于天象学在这里很可能代表了在一般意义上对自然的频繁探究，[50] 高尔吉亚在这段话中所称的"天象学家"与《论古代医学》作者所指责的致力于哲学的自然学者有很大程度上的重叠，实际上，他们就是一样的。高尔吉亚自己也使用"从事哲学"这个词来讨论别的事情，即论证争辩的一种特殊形式。显然，高尔吉亚在这里想到的是我们从柏拉图对话录和亚里士多德《论题篇》获知的辩证争论，其中涉及的不是现实的特定领域（如世界），而是任何可以引起争论的主题。[51]

除了这两个直接的证据之外，还必须加上柏拉图的《欧绪德谟》（*Euthydemus*）提供的另一个由智者普罗狄科（Prodicus）给出的 *sophistês* 一词的定义，普罗狄科以系统地区分同义词的意义而闻名。由于柏拉图将诡辩术和哲学两极分化，而让这个词经历

---

[50] 参看本书边码 5—6 页。

[51] 因此，合乎逻辑的理解是，天象学家并不是表现为在相互攻击，而是在这个或那个方向上塑造其公共意见，这种区分自然会遭受质疑。巴门尼德的女神明确重提竞技性术语，认为就宇宙论而言，没有一个凡人会超越她的受话人。(28B8.60 DK = PARM. D8.66 LM)

了收缩，在此之前，它已经相当普遍地指向了"专家"，一个比古代"圣贤"更技术化和更现代的人物形象。[52] 这也就是上面引用《论古代医学》里的一段话中的意思，在那里它被翻译成"智者"（或：专家），或者像在阿波罗尼亚的第欧根尼那里，他仍然把那些人称为sophistai，但是他们在那个时代应该已经被称为"自然学者"了。[53] 现在按照《欧绪德谟》的报告，普罗狄科这样的智者占据了"哲学家和政治家之间的边界线"。[54] 这个定义把智者的实践定位在了人类活动的两个大方向——研究（以哲学为突出代表）和行动（以政治为突出代表）——的衔接点上，也预设了将哲学在本质上作为一种理论活动的视野，就像《论古代医学》所说的那样。其有趣之处在于，它不仅显然预见到了柏拉图自身的方式，并以这种前所未闻的方式来描述被我们归为智者的普罗狄科，而且还因为边界线（*methoria*）的隐喻提供了一种意识证据，我们可以称之为原生的、对于专业化进程的意识，以及对其所承载的类型学争论的意识。

根据以上这几段话，我们可以得出这样的结论，在公元前5世纪最后三十余年，哲学已经成为一种可以如此识别的活动。这并不意味着哲学活动的对象已经被精准确定了，相反，在一种情

---

[52] 有关这一术语的意义，参看 Kerferd (1981/1999), chap. 3。

[53] Fr. 3 Laks.

[54] *Euthydemus* 305c6 (84 B6 DK = PROD. D7 LM).

况下哲学指的是对自然的研究（《论古代医学》），在另一种情况下指的是辩证法的较量（《高尔吉亚》），在第三种情况下指的是理论活动（普罗狄科），而且众所周知，苏格拉底本人在哲学中看到了能够提供人类幸福的唯一途径。如何看待这种多样化的定性呢？一个尽管表面看似微不足道但肯定不应低估的考量是，就其性质而言，相较于其他学科，哲学是一门边界线更为开放的学科，因此在界定其恰当对象的问题上存在着特殊困难。强有力的事实证据表明，无论可以设想多么千差万别的多样性，都丝毫无损于"哲学"活动的同质性，这一事实的有效性在哲学获得学科地位后依然不亚于从前。各位前苏格拉底哲学家之间的异质性，与苏格拉底和柏拉图、柏拉图和亚里士多德、黑格尔和克尔凯郭尔、弗雷格和海德格尔之间的异质性并没有什么差异。如果存在着某种类似于思想风格和形式的东西，那也是遵循形态学上的多样性，和专业上的多样性一样，都是太过弱化的标准，无法区分什么是"哲学"，而什么不是。[55] 即使对于哲学的开端来说也是如此。但这并不意味着，即使不同智识活动之间相对缺乏差异**也**不可能导致哲学产出的异质性，虽然某种程度上确实难以界定。

在任何情况下，重要的是要区分外部差异和内部差异。一个

---

[55] See Cassirer (1935) 1979. 柏拉图的伟大对手伊索克拉底给我们提供了一个有趣的案例，在他的观念里，就是把哲学看作实践知识，与修辞学密不可分，最终也没有给自己赋予哲学上的合法性，甚至在古代相当长一段时间里都是这么被人认知的。

社会群体将自身与另一个社会群体分化开来的事实完全不意味着它自身就是同质的，实际上恰恰相反（这一点同样适用于一个器官组织）。面对周遭环境，自我确认经常地、事实上必然地伴随着内部的分裂和对抗（赫西俄德就曾说："制陶匠对制陶匠很生气"[56]），因而也伴随着内部的区分。这就以悖论的方式表明，对现有边界的侵犯本就处于对其进行界定的进程之中。哲学由于其特殊的内在可塑性，无疑也是如此。

这种可塑性的一个原因是，哲学对总体性和普遍性具有独特兴趣，而总体性和普遍性的轮廓时时刻刻都可以被重新界定，这甚至可以看作哲学思想动态化的一个主要原则。哲学的天职为此提供了证据，哲学总在一定层面上对专业化的学科欣然接受。更有意思的是，亚里士多德在《形而上学》*Lambda* 卷第 8 章明确承认，哲学家在天文学问题上可能没有最后的发言权，尽管他也不排除这种可能性，这就为这种格局造成的张力做出了很好的说明。[57] 但亚里士多德工作于其间的是一个各种学科已经大规模分化的环境，而现存有关前苏格拉底哲学家的数据则更难让我们做出评估，因为我们几乎不拥有涉及哲学与其他学科关系的明确讨论或者立场陈述。

---

[56]　赫西俄德《工作与时日》(Hesiod, *Works and Days* 17–26)。

[57]　"……如果我们陈述的观点和专事研究这些东西的人的观点之间表现出一些差异，我们必须尊重这两种观点，但要遵循更为准确的那种观点。" *Metaphysics* 12.8 1073b14–17.

一个有趣的例子来自阿波罗尼亚的第欧根尼。亚里士多德的《动物志》大段引用了他对人体静脉（和动脉）系统的详细描述，[58] 辛普里丘没有直接引用这段话，但在引述时明显暗示"他对血管解剖的详细描述"[59]，这表明辛普里丘的这段文本来自第欧根尼著述的第一卷。值得注意的是，有些学者把这段话归于同一著述的第二卷，其中讨论的是生理学，还有学者把它归于第欧根尼的另一部作品，题为《论人的自然》(*Peri phuseôs anthrôpou*)。[60] 各种讨论透露出大家对此残篇地位的犹豫，到底是"哲学的"还是"生理学的"？亚里士多德的一部动物学著作在专门论述血液和血管的一章中也转述了这段话，这一事实也很有说服力，因为人们可能会想知道，亚里士多德的论述作为这段引文的背景，其本身的性质在多大程度上到底是或不是哲学的，这才让这个问题变得有意义。当亚里士多德在引用第欧根尼的叙述时，此前还简短引用了被亚里士多德认为是"塞浦路斯的医生"的西涅西斯（Syennesis），其后还引用了希波克拉底的著名弟子波利布斯（Polybus）。显而易见，亚里士多德对第欧根尼的引用，与他对其

---

[58] *History of Animals* 511b31–513b11. 第欧根尼并没有区分静脉和动脉，他所说的 phlebes，我们都译为"血管"。参看 Laks [1983] 2008a, 98。

[59] Simplicius, *Commentary on Aristotle's Physics* p. 153.15–16. Diels.

[60] 参看 Laks (1983) 2008a, 98–99 页论 Fr. 10, 以及 Laks (64B6 DK = DIOG. D27 LM)。有关第欧根尼著作的数量问题，参看上书 46—48 页。

他职业医生的引用在同一个水平线上。虽然并不能确定第欧根尼是否真是一位医生，但即便如此，当第欧根尼在描述广布于生物体内的血管时，很明显他是有"哲学"理由的。因为第欧根尼的基本论点是这样一个原则，即气是"有理智的"，而其理智增强或者阻碍的方式构成了论证的重要部分，用以支持他对这一论点的阐述。这也就是为什么他如此重视一个网络的存在，凭借这个网络，气和血液被输送而"遍布全身"。[61] 对第欧根尼来说，血管不仅输送血液，而且还输送空气，事实上后者比前者更多。在一个广泛的意义上，第欧根尼使用的"理智"这个术语指的是感觉和思维，而它们都依赖于这种输送，这也就能解释诸如消化、生殖和睡眠这些生理功能。[62] 也可以说，对于第欧根尼而言，做哲学就意味着做医学。亚里士多德也是同样的情况，做哲学就意味着做天文学，至少在一定意义上就是如此。

一部哲学如何自身分化的历史，必须以某种自身分化的确定观念来操作，并在科学与哲学之间假定某种分界标准。这样的标准多少要强一些。一个极端的立场是将科学问题从哲学问题当中

---

[61] 参看 Theophrastus, *On Sensation* §§ 43, 44, 45。
[62] 关于感觉，参看 T8 Laks (64A19 DK = DIOG. D34, 35, 36, 38, 39, 41, 42 LM)；关于生殖，T15 Laks (A24 DK = D28a LM); 关于消化，参看 Theophrastus, *On Sensation* § 44; 以及 Laks (1983) 2008a, 175。

区分出来，前者原则上都能够得到解决，而后者则不能。[63] 在已经提出或者可能提出的较弱标准当中，有的要求重复论证或者实验，有的是经验数据的使用，有的是理性论证，有的则仅仅是所采用流程的世俗特征。显然，这些标准不能假装拥有一个绝对价值，而且这些标准之间很容易造成互相对立。波普尔（Popper）把前苏格拉底哲学家提升为科学辩论的典范，设想了一个通过理论证伪得以展开的批判性讨论空间。[64] 但是他的反对者指出，经验主义在前苏格拉底哲学家那里只起到很小的作用，而其他学者则再次呼吁，如果所涉攸关之事是希腊科学，那么医学比自然学者的思辨能够教给我们更多的东西。[65] 事实上，科学和哲学之间的区分也要求对照神话和理性之间的区分进行类似讨论，功能探讨的路径一样可取。把对自然的探究完全归于科学（某种类型的科学）或者哲学，这种期望是徒劳的。既然它最终要产生这两种东西，那么它就不是非此即彼，根据对它进行考察的角度，我们可以对它进行这样一种描述或者另外一种描述。

有时候人们会问，尽管亚里士多德的权威言论放在眼前，但是，让哲学从巴门尼德而不是从泰勒斯开始是否会更合适，而泰

---

[63] 参看 Zhmud 2006, 18-19。关于划分古代科学与哲学的复杂性，可以参看 Zhmud 和 Kouprianov 即将出版的论文。

[64] Popper (1958-1959/1965).

[65] 有关争论见 Lloyd (1972/1991)。

勒斯则可以代表**科学**思想的开端，就像他在米利都的两个继承者阿那克西曼德和阿那克西美尼一样。[66] 对此的论证是，对于哲学和科学之间的关系，我们并不具有亚里士多德那样的观念。亚里士多德开辟了一个传统，笛卡尔、帕斯卡和莱布尼茨都是这一传统中的代表人物，对于这个传统来说，自然科学就是哲学的一个组成部分，至少到 18 世纪仍然如此。因此，亚里士多德不难认为，前苏格拉底思想家们只要是科学人物，就可以直接把他们视为哲学家。但对我们来说，情况就不再是这样了，因为我们对这两个领域作了更明确的区分。

这个建议完美地说明了一点，虽然微不足道，但也不无道理，即如果一个活动不符合在某个既定时刻被承认为哲学内容的东西，那么这个活动就不能被确定为哲学活动。但必须指出的是，这与亚里士多德明确阐述的论点并不相符。因为当亚里士多德把泰勒斯作为一种新的哲学方式的创始人，这并不是由于后者培植起来一个可以被认定为自然哲学或科学的哲学分支。几乎相反，更正确的说法是，如果说泰勒斯是亚里士多德所称自然**哲学**的代表，那是因为他第一次阐述了一种关于基质（实际上是实体）的理论，而亚里士多德给这一实体起了"自然"这个名字。[67]

---

[66] 参看 Mansfeld 1985, 56。

[67] Aristotle, *Metaphysics* 1.3 983b13. 要注意一个事实，这里所涉及的是亚里士多德的阐释，而不是泰勒斯自己持有的论题（参看 Laks 2004a; 2007），后者在这里并无关联。

那么，是否有一些哲学活动拥有的共同特征，与我们前面提到的亚里士多德《形而上学》那段话中所指出的特征相比不那么专门化，从而可以解释它如何被视为一门独立的学科？除此之外，从某种共同的意义或实践的角度来看，**哲学**从一开始就与可见的好奇心相联系，很容易就被指派给任何一种理论探究；而且，在一种纯粹的描述性意义上（也许《论古代医学》对哲学与绘画的比较就说明了这一点），下面两个参数综合起来就能够让我们认识到，即使在"哲学"这个术语允许这门新学科诞生之前，在真正专业化的意义上，有一种复杂的协同作用对于一种新型的智识活动的分化来说是必要的。这两个参数分别是：第一，整体化。按照古代的描述，这可以被认为是探究自然的一个特征，[68]即使这并非它的专属特色（赫西俄德《神谱》的雄心就一点不输于整体化）；第二，某种类型的理性化。通过这种理性化，将自然实体展开的实质层面——它破坏了神话当中的诸神，即便不是起到独一无二的作用，肯定也起到了推动性作用——就遭遇到了另一个层面，一个更为普遍、更形式化的层面，也即论证。

---

[68]　参看本书边码 4—6 页。

第四章　理　性

　　一些希腊人意识到，他们从其他民族那里继承了许多知识，甚至是许多思维模式，但这些民族不讲希腊语，因此希腊人称之为"野蛮人"。[1] 野蛮人是哲学的起源这个论点可以追溯到柏拉图学园和亚里士多德，但此前智者埃利斯的希庇阿斯（Hippias of Elis）就建立了一个平行目录，将希腊作者的言论和野蛮人的言论加以对照。[2] 针对这个论点，第欧根尼·拉尔修在《名哲言行录》[3] 的序言中似乎就以不加掩饰的尖锐态度对其进行攻击。但是，从历史的角度来看，毫无疑问存在着来自东方的影响，这

---

[1]　有关此主题的一般论述参看 Momigliano 1975。

[2]　Hippias 86B6 DK = HIPPIAS D22 LM; 参看 Plato (or pseudo-Plato), *Epinomis* 987d; Aristotle, *On Philosophy, Fr. 6 Ross* (= *Diogenes Laertius, Life of Eminent Philosophers* 1.6)。如果将这一论题与亚里士多德各种文本中的历史周期性概念结合起来，那么这一论题的意义就会发生变化，根据这一概念，文明会周期性地被大灾难摧毁。(*Metaphysics* 12.8 1074b1–14; 参看 *On the Heavens* 1.3 270b13–20; *Meteorologica* 1.3 339b27–30; *Politics* 8.10 1329b25–29; 以及 *On Philosophy, Fr. 8 Ross*) 希腊人把存在于野蛮人当中仍旧潜在的东西完善起来，希腊人走在了前面，因为现实性先于潜在性。有关文艺复兴时期融合主义（syncretism）和马西利奥·菲奇诺（Marsilio Ficino）对哲学起源于野蛮人的观点的使用，参考下述第五章注释26。

[3]　实际上，第欧根尼·拉尔修的立场也许比他所采用的语气更复杂。参考 Laks 2015。

很容易通过地理和历史的布局得到解释（也不仅仅是因为希腊哲学的开端就位于米利都[4]）。这个论点相当长一段时间内鲜为人知，部分原因是缺乏文献资料（后来才逐渐有所发现），还有部分原因是意识形态方面的，与希腊在西方文化的自我表达中的地位有关。如今，我们拥有更好的立场去领会这种影响。[5] 米利都的宇宙论是早期希腊世界闻所未闻的一种观念，不可否认，它刻上了东方模式（美索不达米亚、伊朗）的一些烙印。在更普遍的样板中我们还可以举出，例如，混沌初开，伟大的源初分离并从中产生出来不同的实体；[6] 进而，在更具体的层面上产生某些宇宙生成的或宇宙论的表述。泰勒斯提出起源之水，大地像船一样漂浮在上面，这在阿卡德人的宇宙论还有《创世记》中也有对应的说法。[7] 分离阿那克西曼德宇宙的三个圆圈（或"天空"），让人想起可以追溯到公元前7世纪中叶的阿卡德人文字，其中星星占据了较低的天空；而阿那克西曼德宇宙中天体的惊人分布（星星离我们最近，然后是月亮，太阳离我们最远），这让人想起了

---

[4] 意大利南部（大希腊）的几个城市，首先发展出来了毕达哥拉斯学派，然后是爱利亚学派，这些城市是其希腊母邦城市文化传播的殖民地。关于米利都的历史，参看 Gorman 2001。

[5] 沃尔特·布尔克特（Walter Burkert）的作品是这方面最基本的著作。Burkert 2004 对这一问题进行了明确而平衡的综合分析。

[6] Burkert 2004, 68–69.

[7] Burkert 2004, 69. 有关第一代希腊宇宙论与近东模式之间的关系中存在的一般问题，还可以参看 Hölscher 1968, chap. 1。

伊朗的文字。[8]阿那克西美尼将星星比作固定在水晶穹顶上的"图像"（zôgraphêmata），这让人强烈地联想到《埃努玛·埃利什》（Enuma Elis）中的一段话，里面描述马尔杜克（Marduk，两河流域神话中的创世神——中译者注）在碧绿的天空中画出了"众神的星座"，还会想到另一篇题为《埃努玛·阿努·恩利尔》（Enuma Anu Enlil）的天文学文献。[9]像这样的对应即使不会翻倍——因为确实文献有限，至少还会不断增加。甚至有人提出，学者们通常认为是希腊第一代宇宙论者独特标志的合理化形式——实际上就是自然化形式——可以在一系列美索不达米亚文本中找到某种"解释"类型。[10]但无论如何，第一批希腊宇宙论仍然站立在智识发展的源头，这并非虚言，所有学者都同意，此时在近东就不再有对应的发展了。必须把"希腊奇迹"放回布尔克特称作希腊文化之"东方化时期"的语境中去，但这个事实并非拒绝承认他们在根本上的新颖性，而将"哲学"一词不合时宜地应用到他们

---

[8] Burkert 2004, 66; 参考 Burkert (1994–1995) 2003, 194。

[9] Burkert 2004, 67; 参考 Kingsley 1992。

[10] Burkert 2004, 66–67, 在 Livingstone 1986 的基础上，我必须说，根据我自己的查阅，利文斯通的著作并不能使我相信，他编纂的文献反映出来的"解释工作"确实可以与米利都人的宇宙论方法相提并论，即使利文斯通在评论"某种类型的思辨……涉及将自然界当中一组组密切相关的部分或外观等同于一组组神灵"时写道："古代[巴比伦]哲学家努力寻求找到一些方法，使现有的神学与自然世界的事实更精确地对应起来。"（71 页）

身上，则以其自身的方式声明了这一点。[11] 曾极力主张将希腊思想起源语境化的布尔克特，为新事物从旧事物中产生并继续依赖旧事物的方式提供了一个很好的例子。他说，当阿那克西曼德将阿卡德人的三个天空与三类天体（星星、月亮、太阳）结合在一起时，他实际上引入了全新的问题，即"天文学中有关大小和远近"的问题，而这可以合法地被称为"理性的"。[12] 这里既**使用**了一个继承而来的表达，也有不可重复的新颖性。正如布尔克特自己在其分析得出的结论中所说，"最终，希腊的成就肯定是独一无二的，即使我们不愿意称之为希腊奇迹"[13]。需要指出的是，希腊的贡献不仅能够在内容层面上得到认可，而且可能更以其在产出方式的层面上得到认可。在公元前 6 世纪的发展过程中，米利都学派新的宇宙论在相对短暂的时间间隔中接踵而至，这一事实提供了一个系统的实践证据，证明他们对早先已经形成的观点或论题的自我定位，也证明他们明显在加速其反思，这无疑是新

---

[11] Burkert 2004, 4. 有关面世较晚的"哲学"术语成为一个技术性术语，参看本书边码 45 页。

[12] Burkert 2004, 68; 参考 Burkert 1992, 308–310. 明显是为了使用 *logos* 这个术语，布尔克特在这个联系当中引用了欧德谟（Eudemus, 亚里士多德的一个学生），后者在谈到阿那克西曼德的时候提到"有关大小和远近的 *logos*"。(Fr. 146 Wehrli)

[13] Burkert 2004, 14（以及 69）。在同一页上，布尔克特注释说："毋庸置疑，希腊人的成功与其事业、言论、想象力，甚至宗教自由有关。"

理性发展的一个基本方面。[14]

如果说那时的理性不是诞生于希腊，那么希腊哲学的起源问题也离不开希腊理性的产生问题。对于这后一个问题，韦尔南在六十多年前《希腊思想的起源》中给出了一个令人难忘、极具影响力的答案，他把这种理性的发展与城邦（polis）的形成联系在一起。[15] 人们可能会疑惑，这个答案的意义和影响还远远没有显现出来，它到底能够在多大程度上帮助我们理解哲学所特有的那种理性。由于韦尔南对理性起源的分析在很大程度上取决于哲学的特殊情况，因此更有必要提出这个问题。

韦尔南的想法主要是出于他想终结"希腊奇迹"观念的动机。这个表述是由欧内斯特·勒南（Ernest Renan）创造的，[16] 但韦尔南对它的使用不能还原到它的发明者。在勒南那里，希腊奇迹是一个既审美又公理化的范畴：它标志着古典人文主义和普遍主义传统中的美之永恒。正是针对塞立农特（Selinunte）神庙，勒南在1875年写道："每一次尝试，每一次摸索都是可见的，而且，比其他的更出人意料；当这一奇妙艺术的创造者臻至化境之际，便不再做出任何改动。这就是只有希腊人才知道如何完成的奇

---

[14] 这就是为什么波普尔（[1958–1959]1965）能够在前苏格拉底思想家当中找到与他主张要回归到的批判理性主义完全相同的原则。

[15] Vernant (1962/1982).

[16] Renan (1878/1948), 397.

迹：发现理想，而且，一旦他们发现了理想，就会坚持下去。"[17] 更清楚地是在如下这一页引用了勒南的著名论断："当我终于成功地理解了至美之时，我在雅典卫城上的祷词"就唤起了"希腊奇迹"，仅次于"犹太奇迹"，它是"一种只存在一次的东西，此前从未见过，此后也永远不会再见，但它的影响将永远持续下去，是一种永恒的美，没有一丝瑕疵，无论是在地方还是全国"。[18] 这样的奇迹与成熟和发展的进程并非完全不相容，勒南甚至在上引两段话的第一段中就明确提到了这一点。而从韦尔南来说，他之所以攻击希腊奇迹，是因为正好相反，他预设了希腊理性是突然产生的，对任何"尝试"和"摸索"都一无所知，没有任何准备，也找不到源头，"就像天平从盲目的心灵的眼睛里掉出来一样"。[19] 当然人们也可以说，既然涉及的是一个谱系的建立，那就像圣灵感孕说（Immaculate Conception）孕育一样完美无瑕。

韦尔南一直宣称拥护"历史心理学"，他从这个学说的创始人梅尔森（I. Meyerson）那里继承下来的是一种认识论秩序，在历史本质上被视为"碎片化"的视角下，对历史中的非连续性做出说明。[20] 虽然历史上的非连续性拥有许多其他例证，但希腊

---

[17] Renan (1878/1948), 397.

[18] Renan 1883, chap. 2.

[19] 参看 Vernant (1957/ 2006), 371。

[20] 参看 Meyerson (1948/1987)。

在公元前 6 世纪和公元前 5 世纪发生的政治和思想动荡，随着新的政治组织形式、新的数学、像哲学这样新的思想类型的出现，当然还有艺术上的奇迹，就为历史学家提供了一个孕育充分的范本，就像法国大革命一样。后来历史学家迈尔（C. Meier）就民主的发明创造了这样一个说法："希腊人此前没有希腊人可以效仿。因此，在他们自己创造民主政府之前，他们不知道民主政府的可能性。"[21] 以上这些对非连续性的坚持，就可以解释为什么韦尔南的批评不仅针对基督教版本的希腊奇迹——它至少还具有承认存在着断裂的优点，而且韦尔南还指向了被称为"教仪主义者"的剑桥人类学家的立场，特别针对的就是康福德（Cornford）。康福德本人颠覆了维多利亚时代对希腊的理想化——他片面地强调存在于神话思想和理性思想之间的**连续性**，认为理性思想是依赖于神话思想的。[22] 为了反对无（ex nihilo）诞生以及同一之物的往复这种双重幻觉，韦尔南借助了"革命"范畴，或者说依循梅尔森的术语——"突变"范畴。[23] 这些术语表达出的是变化，一个值得深思熟虑的变化，从而反驳了教仪主义者；而变化涉及的就不再是奇迹，因为突变就像意识一样，总是**某物**的突变。

因而，理性思想有一个谱系，或者正如韦尔南 1957 年在一篇

---

[21]　Meier (1980) 1990, 29.

[22]　Cornford 1912 和 1952。

[23]　Vernant (1957/ 2006), 371（"心智的成熟"）。

题为"希腊古风时代实证思想的形成"(The Formation of Positive Thought in Archaic Greece)的文章中所说的那样,公民身份就是一个预设了**出生**地以及**出生**日期的东西,如果说理性思想是"城邦的女儿",那就等于终结了"希腊奇迹"。[24]

韦尔南的分析是基于科学和哲学起源这一具有代表性但又是局部的案例。在这一点上,他追随的是继梅尔逊之后的第二位导师路易·热尔内(Louis Gernet),热尔内本人已经对梅尔逊式的问题持开放态度,他在其最后的著作中曾提请人们注意,在对希腊城邦起源的影响因素所展开的研究框架内,哲学文献可能给予什么样的帮助。[25]

韦尔南将前苏格拉底宇宙论的创新性概括为两个术语,即**实证性**(positivity)和**公共性**(publicity),其中前者指向这些新生事物的内容,后者指向其形式。追随热尔内《希腊哲学的起源》一文的论证,韦尔南论证的立足点基本上就是,伊奥尼亚思想家关注的是前者,而大希腊的哲学家关注的则是后者。这种划分以其自身的方式调用了第欧根尼·拉尔修在《名哲言行录》中建构的两分法,但也并未脱却一定程度上的刻意生造,因为韦尔南并

---

[24] Vernant (1957/2006), 397. 这个结论丝毫不变地在 Vernant (1962/1982), 132 页得到了重申。

[25] Gernet (1945 和 1956) 1968; (1945/1983)。有关热尔内的著作及其思想发展,参看 Humphreys 1978, 84—85;以及 Donato 1983。

没有探问，为什么东方更关注内容，而西方更关注形式，如果情况确实如此的话。[26] 但是，如果我们对这两个断定中的每一个断定本身都进行考察，并最终将它们应用于所有的前哲学家，而不考虑他们的地理来源，我们就会被引向其他的、也许更贴切的术语来提出它们之间的关系问题。

"实证性"这个概念从奥古斯特·孔德（Auguste Comte）那里继承而来，它指定了一个"自然化"的进程，韦尔南认为，这个进程同时发生于神圣世界和社会世界。这不仅是说，前苏格拉底的自然哲学家在他们的抽象化倾向中，没有求助传统神灵——事实上在某些情况下，这些神灵还能成为寓意解释的对象；而且更重要的是，关于起源的叙述不再像以前那样，只是一个为社会秩序进行辩护的时机，在更早的迈锡尼时代，这个社会秩序是由凌驾于一个未分化的世界之上的祭司-王的形象定义的。[27] 根据韦尔南的说法，实证叙事所证明的不仅是一个世俗化的进程，而且——用一个不是他自己的词汇——是自然和政治两个领域的自主化和差异化的进程。[28] 至于哲学训练的形式化条件，则与哲学

---

[26] 有关第欧根尼·拉尔修对希腊哲学史的二分，参看本书边码 17 页。

[27] 可能是受对称性想法的驱使，韦尔南迅速倒向了这一主张，但在我看来，这似乎并没有道理。

[28] 根据韦尔南的看法，这种分离并不意味着伊奥尼亚思想家与社会层面割裂开来，相反，它作为一种可能性条件，可以将立法者的职能赋予他们。参考 Vernant (1957/ 2006), 388。

辩论（像其他种类的辩论一样）一起被铭刻在公共空间之中。这种铭刻更加明显，因为其内容本身往往承载着前辈巫师或神秘主义的踪迹，尤其是在大希腊地区。[29]

韦尔南特别重视这样一个事实，即根据热尔内强调的对应论，希腊哲学在其实证性和公共性这两个维度上，在社会组织的所有部门中都有其对应物。无论是政治、经济还是法律事务，只要在克里斯提尼（Cleisthenes）的改革中诞生的钱币、新的法律制度，都有同样的抽象化和民主化过程在起作用。[30] 考虑到不同的部门就是人类活动的组织形式，人们就会被这些变化中无所不在的一致性（"solidarité"）打动，而这些变化可以被认为是同一个理性的众多表达。

在这里，"无所不在的一致性"是这样的一个关键词，可以保证我们在"理性思维"这个一般范畴与其包括哲学在内的各种具体形式之间互相往还。但这并非马克思主义的反映理论。尽管韦尔南的分析带有明确无误的马克思主义特征，但他拒绝将其简单化，例如，将现实的本质特征变成货币价值概念的直接转化。[31] 相反，他再次以梅尔森为基础——后者的关注同样指向具体性和非连续性，坚持在所考察的每一个领域都要寻求**详尽阐述的具体**

---

[29] Vernant (1957/2006), 386–387.

[30] Vernant (1957) 2006, 389, 390, 396.

[31] 但 Seaford (2004, 188–209) 采用了这个论点来反对韦尔南主张的政治模式。

性。[32] 尽管如此，不变的事实仍旧是，所有这些阐述都能够被指向一个共同的基础，用亚里士多德的解释者的语言来说，这个基础可以被确定为"焦点"。[33] 正如所有在范畴中被消解的事物的意义都与第一个范畴——实体——所陈述的焦点相关，同样，新的希腊理性的所有表现也都能在城邦这种完全新颖的组织形式中找到它们的意义和终极基础。

有人已经提出这样的问题，从大门中驱逐出去的奇迹是否可以从窗口再重新进入，如果我们只是简单地将理性思维的起源转换为城邦的起源。[34] 韦尔南肯定不会招致这样的反对，因为城邦本身只是一个漫长进程的结果，它的每一个阶段都可以被追溯，至少在较大尺度的特征上是如此，这也意味着我们要一直追溯到迈锡尼社会的崩溃。这也是为什么韦尔南的《希腊思想的起源》一书并不像书名暗示的那样，是一本关于前苏格拉底哲学家或者他们的直接先辈的著作，而是讨论在城邦出现过程中起主导作用的社会心理条件。相比之下，可以肯定的是，以这种方式回到城邦的起源，并不能与希腊理性作为**城邦**之女出现的论题恰当地相提并论。迈尔明确指出了韦尔南立场中的一个主要困难，他认

---

[32] Vernant (1957/ 2006), 392–396。参看 Meyerson (1948/ 1987) 里的"自主路径"概念。

[33] "焦点"图像由 Owen (1986, 184) 提出，用以说明一系列在语义上不可还原的术语之间的关系，但这些术语都指向了一个个别术语"一"(*pros hen*)。

[34] 这个问题由 M. Caveing 在 *Vernant* (1975/1996) 113 页中提出。

为，如果不诉诸反思——尤其是"政治"反思的驱动作用，而以"极端偶然性"来标识希腊古风时代的环境因素，那么"政治的诞生"就很难得到解释。也就是说，即使没有什么思想对政治的出现发生作用，但是反过来说，在其发端之处，政治对思想的影响却是有可能的。[35] 更一般地说，城邦与其女儿之间的关系，并不比马克斯·韦伯所设想的新教精神与资本主义之间的关系更为清楚。这是一个因果问题，还是可能性的条件问题？是一个有利因素，还是选择性的类同，或者就是简单的类比？

毫无疑问，在韦尔南身上寻求这个问题的答案是徒劳的，他似乎从来没有真正关注过让韦伯产生那些疑难的资源和问题，尽管韦伯关于理性起源也提出了自己的论题，纵然就他而言，涉及的只是现代理性的出现。[36] 相比之下，人们可能很想知道，促使韦尔南给予政治以不可否认的、超过理性的优先性，并以此来表述自己的论题，他这么做的原因到底是什么？在我看来，我们可以找到两个原因。

---

[35] Meier 1986, 69.
[36] 韦尔南只提到过一次韦伯的名字，而且不太重要，是 1956 年在一个书评里提到的，他评论的是由 F. Bourricaud 翻译的一本 T. Parsons 文选的法译本，这个法译本出版于 1955 年，题为《行动社会学的要素》(*Eléments pour une sociologie de l'action*)，书评载 *Vernant* 1995, 2:627。Gernet 1983 的书后索引中提到过一次马克斯·韦伯，指向的也不是热尔内自己写的文字，而是该书编者根据热尔内的一个批判性评论（《如何给古希腊经济学定性？》, "How to Characterize the Economy of Ancient Greece," 1933）转述的《马克斯·韦伯学派与法国社会学之间无意识但重要的相遇》, *Donato* 1983, 410。

第一个原因关系到这样的事实,当韦尔南的分析在原则上主要是由希腊奇迹的认识论问题来引导,根据"虚无"(nihil ex nihilo)原则,它就启动了一路回到迈锡尼起源的运动;但在一种从未被真正明言的关系中,它同时也受到其价值论层面的驱动。这里的问题不是回到过去,也不是如何设想希腊思想(和城邦)的非连续性,考虑在它们之前有什么,它们从哪里而来;而是要走向未来,如何防止在它们和我们之间建立一种虚构的连续性和相邻感,无论这种虚构是在典范的古典主义,还是在天真的怀旧、多愁善感意识的庇护下,或者是在古今之争驱使下做出的任何其他构建。在这样的视角下,拒绝奇迹就意味着,要拒绝在他们和我们之间具有实质性的连续性的观念(当然这并不意味着没有历史的连续性);并且,不相信如某位学者所呼吁的任何在"消化"意义上进行同化的尝试。[37] 希腊人和其他人一样,都只是人而已,没有什么特权。但正因为希腊人和其他人一样,而每个人都是不一样的,是与他人有区别的,因此,最重要的是希腊人和我们不一样。正是在这样的视角下,韦尔南始终坚持这样一个事实:希腊人的理性不是**我们的**理性,传统上他将我们这种理性界定为科学的、实验的、直接指向对自然的数学化和支配。至于希腊人的理性,在他看来是"政治性的",因为"与其说是人

---

[37] Cambiano 1988, ix.

类与物相往来的产物,不如说是人与他人之间关系的产物"。[38]其实很容易理解,谱系模式在这里依旧在起作用,就像过去一样,母邦会将自己的印记刻在所谓的女儿——理性身上,随之间接地传递给子子孙孙。这就是《希腊思想的起源》最后一章对阿那克西曼德进行"政治"解释的含义,按照这种解释,阿那克西曼德的宇宙环绕着地球这个中心组织起来,中心与所有边界都距离相等,因为等距这个事实,所有事物都各安其位;这就与城邦的政治几何学形成了对应关系,在城邦里,决定都是"在中心"做出的。[39]

这种把希腊理性定性为政治理性的做法本身是否可信?人们很可能对此表示怀疑。因为从最早的表现形式开始,希腊理性就呈现出一些特征,例如系统化和理性化(取这个术语在马克斯·韦伯那里的含义,他从中看到了西方理性的独有特征[40])的倾向,而这些特征并没有任何内在的政治性,当然很显然这并不意味着它不可能会直接或间接地涉及政治领域。举一个特别突出的例子,赫西俄德的神学系统化就很难被认为是政治范畴下的**系**

---

[38] Vernant (1962) 1982, 132. 韦尔南与德蒂安(M. Detienne)后来对被客观化理性压抑的"狡猾的智慧"产生了兴趣并非偶然。Detienne 和 Vernant [1974] 1991。

[39] 这种解释与世俗化观念之间存在着某种紧张关系,世俗化观念对社会的影响不亚于对神学的影响。参看本章注释 28。韦尔南对学界有关阿那克西曼德宇宙论的平等主义解释所提出的批评,参看 Sassi 2007 and Laks 2008b。

[40] 参看本书边码 62—63 页。

统化（但这完全不排除它的主题可能是"政治的"，而且情况确实如此）。即使我们要让韦尔南接受希腊理性从来就不是实验性的，但似乎也很难否认，它很早就在"政治"一词无法涵盖的意义上让自己"理论化"了。

但对于"政治"也可以有不同的理解，它所指向的不是理性的内在规定，而是行使理性的形式框架。在这个意义上，希腊理性就该是城邦的女儿，因为正是在城邦的公共空间内，理性找到了落实其论证结构的可能性。说实话，韦尔南提出的这一观点也引发了一些问题。首先，因为人们很容易就会坚持认为，理性思想落实的空间不仅是政治的，而且也是反政治的、跨政治的。之所以反政治，首先是因为哲学学科的分化，然后就是哲学学科的专业化，最终导致一个专家阶层的形成，在公共空间里他们远远无法认识到自己，而是倾向于堂而皇之地将自己与公共空间割裂开来。[41] 赫拉克利特无疑就是这种割裂的最佳范本，但事实上，这种割裂无处不在。当恩培多克勒在奥林匹亚唱出他的《净化》（*Purifications*），只有违背他论自然的诗篇当中那些学说的秘传奥义，他的行为才有意义，而这首诗本来是授给某个弟子的。至于理性发展过程中的跨政治层面，则与泛希腊主义的各种现象有关，而奥林匹亚恰恰是这一现象的象征，因为，它具有一种普

---

[41] 有关批评参看 Seaford 2004, 175–189。

遍化的倾向，从形成各个城邦的那一刻起就超越了城邦的基本架构。[42] 在一个更理论化的水平上，这将把我们带回到韦伯式的历史因果问题上，因此也就还有必要问一问，当我们把城邦设想为一个形式化的框架，那么城邦在多大程度上可以成为一个**决定性**的因素，正如起源公式（"理性思想，城邦之女"）所暗示的那样。因为，尽管似乎很难否认在民主城邦的政制框架内进行法律和政治辩论的做法**有利于**对新鲜事物以及讨论与反驳文化的关注，但我们依旧可以听从布尔克特的观点，与希腊文化的其他表现形式一样，处于哲学发展的源头的反倒是赛会（*agôn*）或者竞争，[43] 而这又是指那些在城邦出现之前的东西。此外，或许不能那么肯定的是，在哲学话语的出现过程中，矛盾对立的争论比荷马和赫西俄德的真理主张更重要，或者说事实上比文字的传播更重要。[44]

除了可以对这两种政治至上的理由提出各种反对意见，以及根据不同的情况可以适当增加改进或细微的差别之外，它们带来

---

[42] 泛希腊性的标准为理性的起源问题提供了一个有趣的视角，因为它显然已经在荷马及其之后对传统神话时的处理中发挥作用了（参看 Nagy 1979，7-9）。此外，就希腊哲学而言，这种泛希腊理性的具体运作条件有时似乎也是个问题：哲学在希腊区域发展的节奏以智识信息的快速流通为前提，但要想象与之有关的网络却并不容易。尽管如此，还是必须以它们为前提。

[43] Burckhardt (1898/1902/ 1977), 4:84–117.

[44] 与真理主张有关的论证，参考 Humphreys 1996, 6。有关哲学的出现与书写之间的关系问题，参看 Laks 2001, 2007。

的主要问题是，二者不容易彼此共存。对"城邦"与"理性"关系的程序化或形式化构想，意味着要超越——依据横向类比原则——旨在发现政治表达在哲学体系中留下的痕迹这样一种视角，这将与希腊理性能够成为理论性的，但实际上是实验性的这种观念完美契合，如果非要这样不可的话。我们甚至可以说，正是韦尔南被希腊理性的"政治"异己性问题牵着鼻子，因此他才被误导，从而低估了政治空间的发现与理性的出现之间相互支撑所产生的基本效应，而这一点本来是他自己关注的问题。

因为只要考察一下程序性（或竞技性）观点的影响，特别是它促成了智识的激进化形式，就可以觉察到，无论是实证性（自然化或世俗化）范畴，还是公共性范畴，都不可能对"哲学"思想的具体发展做出说明。但正是必然地与确定内容联系在一起的这种具体性，我们必须对它给出说明，即便仅仅因为不要为了一个术语的普遍化而去牺牲"具体的阐释"；该术语终结了希腊奇迹，付出的代价仅仅是明确的证据不足而已。

诉诸韦伯模式在这里被证明是有用的，但之所以如此，与其说它是从加尔文宗伦理学中得出了资本主义理性起源的理论（但它的机制太过特殊，难以延伸应用），不如说是因为它采用的理性概念。

韦伯方案旨在理解理性为什么以及如何在现代西方文明中采取了它所拥有的独特形式，尽管理性化的过程在其他的伟大文明中也在起作用,这就是为什么他对伟大宗教(儒教、佛教、印度教、犹太教、伊斯兰教)的研究是对《新教伦理与资本主义精神》(*Die protestantische Ethik und der Geist des Kapitalismus*)不可或缺的补充。[45] 韦伯在后一本书的"前言"(Vorbemerkung)列举了他认为是西方理性主义的几种主要表达形式(在下面的摘要中,我用方括号标明了可以解释"理性"条件的特征,只要这种标示可以从韦伯的文本摘录到)。按照韦伯的说法,只有西方发展出了理性的科学[即数学化],理性的几何学[即建立在证明基础上],理性的自然科学[即实验的],理性的化学[与炼金术相对],理性的历史[即主张超时间的有效性],理性的政治[即具有系统化的本质],理性的法律[即系统化的编纂],理性的艺术技艺[即,音乐中的数学化、系统化的和谐与作曲技术,建筑中的非装饰性、功能性地使用哥特式拱顶,在绘画中合理地使用线条透视和大气透视],理性的知识传授组织[即专业化的发展],由国家职能部门构成的理性的管理体制[即专业化的],理性国家[即以宪法为基础],自然化的理性化经济[即在资本主义的支撑下]。[46]

---

[45] Schluchter 1988 也强调了这一点。
[46] Weber 2016, 101–105. 资本主义这个词不仅是这个序列里的最后一个术语,而且也是这个序列存在的理由,因为在韦伯眼里,它构成了"对我们现代生活的命运最为沉重的力量"。(105 页)

正如以上列举显示的那样，希腊人的西方理性主义在整个西方理性主义的构成中起到了不可忽视的作用。韦伯把"希腊理性主义"称为一种包含了许多学科的现象，数学（这必须是从欧几里得开始的）、历史（修昔底德）和政治理论（亚里士多德）。他在其他文本中都对此表达了敬意，特别是在《新教伦理与资本主义精神》的著名段落中，他将希腊理性主义与犹太理性主义相提并论，作为加尔文宗理性主义的两个直接来源之一："宗教发展的那个伟大的历史进程，即从古老希伯来先知开始的从世界上消除魔法，并与希腊化的科学思想相结合，把一切救赎的魔法手段作为迷信和罪恶加以否定，至此〔即伴随着'通过教会和圣礼彻底消除救赎'〕得出它的逻辑结论。"[47] 他对儒教和道教的研究有时也会提到希腊现象，以便进行比较。但这些段落只会让我们更直接地感知到，其实韦伯从未讨论过希腊理性主义本身这个事实，这一点乍看起来很奇怪，因为韦伯就是明确从事比较研究的。对希腊的提及虽然一直都在，但始终处于从属地位，在其研究中从不具备系统化的价值。

但事实上，这种缺失是合乎逻辑的，因为韦伯特别感兴趣的是"理性化"现象与"伟大宗教"之间存在的关系。他的《世界宗教的经济伦理学》（*Die Wirtschaftethik der Weltreligionen*）一

---

[47] Weber 2016, 280.

书只考虑了"宗教生活的五种调节系统，或那些受宗教制约的系统，它们能够在自己周围聚集起特别多的信徒：儒教、印度教、佛教、基督教、伊斯兰教的宗教伦理。"[48] 之所以加上犹太教，是因为它在基督教的形成和西方资本主义的发展中都起到了决定性的作用。如果说希腊多神教不在这六个成员的组别里，那首先是因为它不符合**群体化**标准，而这是韦伯置于首位的；这一标准似乎更不适用于希腊文明，因为后者已经消亡了，而其他任何一个被称作"世界宗教"的文明都不是这样；希腊多神教的主流不包括救世神学的层面这个事实也在其中起到了作用，因为韦伯总是依据救世神学来讨论宗教，即**救恩论**（Heilslehre）。这两个原因相互结合，相互加强：对韦伯来说，决定理性主义分化发展的是一种确定的经济伦理（Wirtschaftsethik）所具有的**社会**分量，更广泛地说，则是一种生活方式（Lebensführung）的社会分量。这种分量只有宗教的，更准确地说，只有末世论的信仰才能保证。如果说有限的专家群体（the "virtuosi"）在韦伯的分析中起到至关重要的作用，那是因为他们是能够引发有效社会共鸣的模式的"承担者"。但是，即使希腊的理性主义确实是专家们的事，而且至少按照目前的表述，它意味着某种生活方式，所谓理论上的生活方式，但它本质上也是宗教之外的——当然这自然不妨碍

---

[48] Weber 1989, 83.

它产生宗教内的影响——同时也缺乏任何坚实的社会学基础。这种弱点可以被认为是公元前 6 世纪到公元前 5 世纪之间希腊哲学发展所特有的非凡"加速度"的对应物，这种加速度不能与个体化的进程分割开来。就哲学而言，这个个体化进程不仅是一系列的"属我"（I's）提出了许多新"世界观"的密集交替，从而确认自身就是如此这般，而且也是一个既来自外部又来自内部的**分化进程**，它界定了新的领域或者说能力"范围"，这一进程也烙印下哲学家政治影响力的丧失。[49]

如果说希腊在韦伯分析中所扮演的角色比预期的要小，再考虑到他对现代理性主义的形成所给予的重视，那么他用于分析西方或非西方的理性化进程的一套概念工具，使得我们有可能以不同于韦尔南提出的术语来反思理性在希腊出现的案例。韦伯的分析依赖于一个更为复杂的理性概念，即使它本身也会因其不完整而受到指责，因为韦伯的基本论点之一就是终极价值不能作为理性讨论的对象。

众所周知，要对韦伯的理性形式建立系统的类型学是很困难的。韦伯有时提到一种"逻辑的"或"理论-理智"的理性，它的动力是"一致性"和"不矛盾"律，他把这种理性与"目的论

---

[49] 有关希腊哲学开端的"自我中心主义"，参看 Lloyd 1997，以及前述 Burckhardt, (1898/1902) 1977, 3:346。有关哲学家与政治的联系，参考 Burckhardt, (1898/1902) 1977, 3:344。

的"或"伦理－实践的"理性区分开来。[50] 这种区分使我们有可能在一定程度上把上面列举的西方理性的不同典型表现组合为几类：法律、政治和资本主义，基本上是目的论理性的功能，而数学科学、音乐和绘画则不同，指向的是一种逻辑类型的理性。在某些情况下人们可能会犹豫不决，例如建筑学（两个方面的理性在这里都同等存在）或印刷术。在韦伯那里也能发现理性的三种基本含义：一种是科学－技术的含义，通过工具的发展来呈现，这种工具是通过计算而设计出来用以控制世界的；一种是形而上学－伦理学的含义，通过"意义模式"的系统化来表达，对应于韦伯所说的"世界图景"；还有一种是实践的含义，表现为投入一种有条不紊地被规训的生活方式。[51] 希腊的理性主义显然涉及以上这三个方面，而且已经存在于其最初的表现中（当然要为必要的细微差别留有余地）。即使希腊科学从未真正从事过技术或实验，但它还是对科学理性主义的形成做出了决定性的贡献（正如我们已经看到的，韦伯也承认这一点）。希腊化的理性主义呈现出了最清晰的同时也是最著名的世界图景的理性主义案例之一，韦伯用来描述宗教理性主义有关苦难和不公问题的特征的公式（"整合在一个普遍的、宇宙式的救赎的实用性当中"），也在

---

[50] Weber 1989, 480.

[51] 参看 Schluchter 1979 以及 Habermas (1981/1987), vol. 1, chap. 2 "韦伯的理性化理论", 168–178。

前苏格拉底哲学的理性主义当中找到了共鸣，即使它肯定不能代表整个理性主义的特征。[52] 最后，"生活方式"毫无疑问是希腊哲学的一个核心范畴。

韦伯在这些不同的理性层面之间架起了一座桥梁，因为他试图为**资本主义**（利润的计算组织）的出现确定某种**生活方式**（实践方面）的作用，以及，确定来自宗教伦理——来自具体的世界图景（加尔文宗）的思维方式的传播作用。正是在这个复杂问题的框架内，人们可以解释韦伯赋予他所谓的"理念"（Ideas）以什么样的位置。因为，正如他在《世界宗教的经济伦理学》导言中的一段著名话语所说："不是理念，而是物质和理想的利益，直接支配着人们的行为。然而，很多时候'理念'所创造的'世界图景'就像扳道工一样，决定了其轨迹要跟随被利益驱使的行动。"[53] 认识到理念和"世界图景"在理性化进程中的决定性特征，继而与像"结果"和"一致性"等更正式的概念结合，这对于理解希腊哲学起源的逻辑是不可或缺的，因为伴随它的智识分化具有非常高的异质性——而韦尔南的政治理性观念使它不可能得到解释，如果这一点被我们至少加以实质性地理解的话。因为前苏格拉底哲学家使我们无法回避的是世界图景的冲突多样性，与之

---

[52] 参考本书第一章注释 61。

[53] Weber 1989, 101. 韦伯似乎以"理想利益"（ideal interest）来指称价值，例如荣誉或者救赎等等这些，而"理念"的外延显然要更大。

相关的是读者被邀请将自己置身其中,并在各个方向上超越了城邦的范畴。

如果进一步探讨这些世界图景,或者分析它们产生的冲突的本性,从而进入希腊哲学理性的具体内容,那就超出了本书作为导论的目标,因为这个导论只是将"前苏格拉底"作为一个集体来考察。相反,我们必须回到我们与它们关系的本质,因为它们位于西方哲学的源起之处。这将是最后两章的目标对象。

第五章　起　源

"突破"(breakthrough，德语 durchbruch)这个术语在 K. 雅斯贝尔斯 1949 年首版的《历史的起源与目标》(*The Origin and Goal of History*)中得到使用，用以称谓公元前 7 世纪在古希腊出现的一系列史无前例的政治与文化剧变，这个剧变在让-皮埃尔·韦尔南 1962 年出版的《希腊思想的起源》里则被称作"突变"(mutation)。[1] 两个术语对应着不同的逻辑。如果说"突变"指向了历史之中的间断性问题，[2] 那么"突破"则暗示了朝向某个确定方向的轨迹，就像某种进步或者成就对一个既定的历史产生了决定性的作用，并以这样或者那样的方式将其效应一直持续到今天。[3] 所以雅斯贝尔斯的这个术语如同其书名，提出了一个目的论的和价值论的维度，而这恰是"突变"所缺乏的。

---

[1] 后来 Weil(1975)继续对该术语加以讨论，关于历史学家如何理解并使用该术语，另请参看 Schwartz(1975)和 Humphreys(1986/2004)。

[2] 参看本书边码 56 页。

[3] 根据威尔对雅斯贝尔斯的评论，除了我们之外，此前从未发生过突破，参看 Weil(1975)，21—22 页及 36 页。

雅斯贝尔斯还强调了发生在古希腊人的突破之外的其他"突破"，而这也是他的重点所在，稍早或者稍晚，在印度、中国、巴勒斯坦等其他地方也在极其不同的条件下出现了效应迥异的突破。用费尔南·布罗代尔（F. Braudel）的术语来说，在历史的长时段（*longue durée*）层面上，这样一种同步可以被认为是绝对的，这也是为何雅斯贝尔斯将基督教时代之前的第一个千年称为"轴心时代"的原因——不过这个名头的意义并不是那么清晰，所以埃里克·威尔（Eric Weil）建议换一个术语"分岔"（bifurcatory），来描述人类精神史开始走向一个新时代的那一刻。[4] 雅斯贝尔斯的看法已经遭受了挑战，首先是因为他的建构并未考虑那些拥有伟大书写文明的地域（例如可以向前再追溯三千年的苏美尔－阿卡德文明和埃及文明）；[5] 更重要的是其想法所隐含的目的论意义。这恰恰是雅各布·布克哈特（Jacob Burckhardt）的研究内容，他的著述反对历史哲学家们在写作历史当中对目的论的使用，以及将对起源的关注和终局所在紧密关联起来的做法，他在《论历史的研究》（*On the Study of History* / *Über das Studium der Geschichte*）中写道：

---

[4] 参看 Jaspers (1949/1953), 第一章 1—21 页；以及 Weil（1975），21 页。

[5] 有关此话题的年代学考察，参看 Burkert（1994—1995），184—185 页；对雅斯贝尔斯的基础性批评，参看 Assmann（1989），雅斯贝尔斯"轴心时代"观对中国、印度、伊朗和希腊文化的提及，参看 Jaspers (1949/1953)，51 页。

历史哲学家们将过往看作一个对立面以及准备阶段，正走在奔向我们并变得更高级的途中。而我们将那些一再重复自身的、那些永恒而典范的，视作内在于我们从而产生共鸣、可理解的东西。另外，有些人陷于对开端的思辨困扰，他们真应该去谈论一下未来。而我们无需那些有关开端的教义就能够去思考，也没有什么关于终结的教义是我们应该需要的。[6]

然而，我们并不能肯定一个历史学家是否应该完全不依赖任何目的论的预设而进行思考，或者说甚至他至少可以按照康德的术语，在一种反思而非决定论的层面上进行思考。[7] 无论如何，就古希腊人而言，"我们"所拥有的东西和"他们"之间的关系，显然在很大程度上取决于我们被引导着如何去谈论他们。事实就是，无论我们喜欢与否，我们和他们都被一种起源性的关系紧密相连，这一点不亚于我们和犹太传统的关系，虽然两种关系截然不同。[8]

从上述观点没有产生什么特别的问题，更没有提出任何义

---

[6] Burckhardt（2000），134 页。

[7] 在第六章我再回到这个问题加以讨论。

[8] 显然，在我们所拥有的当下，人类中的广大"我们"必须与某个既定文明中的特定"我们"区分开来。通过我们和他们之间拥有的不同历史联系，古希腊人的突破、犹太人的突破也要和中国人的突破区分开来。

务。我们有好几种不同的选择可以用来处理这种"起源"关系。因为起源观念的多义性，人们可以把它与很多截然不同的表述联系起来。一个起源可以仅仅只是一个**出发点**，但也可以是一个**本原**或者**基础**。这两端在往返之中交叠在一起，因为某个既定现象的原则或者基础仅仅只是一个简单的**原因**，又或者只是采用了某个**规范**的特定形式；而从一种谱系的角度来看，要么出发点存在于**渊薮**（sources）之中，那些现象则由此生发或受其滋养，但这些现象却外在于渊薮；或者在万物显现的**元初**（the very beginnings）之际，那些现象和渊薮二者就是根本同质的。不难看出，以上不同区分就是一个有关重要性的赋值函项，相应地被赋予了二次元——时间的和价值的，在此二元之中，起源才能够得到理解。这个术语可以理解为在"创始"和"本原"的两极之间延伸，"创始"被考虑为是一个浸入时间之中的进程，而"本原"则倾向于脱离编年上的考虑。我们可以透过下面方式进行构架：

上述标尺与历史学家对起源的讨论相关，不管他们谈论的是什么东西的起源（既可能是希腊思想的起源，也可能是基督

教或者卡巴拉*的起源），事实证明，这些标尺也与前苏格拉底思想的指导性范畴相关，正是这些范畴组成了希腊哲学源头的主题对象。在米利都宇宙论者阿那克西曼德与阿那克西美尼的论述之中，大部分学者发现了"哲学"诞生的最初表达，就像是从伟大的神圣叙事——尤其是赫西俄德的《神谱》那里，哲学将自身分离出去一样。事实上，他们的论述不仅刻画了回返至起源（就赫西俄德而言是诸神的谱系，就米利都学派而言则是宇宙）的运动，而且揭示了一个事实：这种回返被标识成起源的两种可能意义——编年的与本体论的——之间的特定张力。[9] 根据赫西俄德的描述，宙斯属于乌拉诺斯（Ouranus）和克罗诺斯（Cronus）之后的第三代天神，他得到一种衍生而来的先在性（anteriority），从而合法地成为众神之王，他本来要被自己的父亲克罗诺斯吞噬，但却被一个具有象征形式的石头替代。[10] 锡罗斯的斐瑞居德可能稍早于

---

*　Kabbalah，对希伯来《圣经》进行隐秘口传解释的神秘主义传统，约12世纪开始出现有组织的流派，其秘传教义据说来自耶和华传给摩西和亚当的未成文"托拉"（Torah），在《圣经》的摩西律法书之外，形成另一个直接与耶和华建立信仰关联的途径。卡巴拉流行于部分精英阶层，但也被部分犹太教信徒视作泛神论和异端。——译者注

[9]　参看 Vernant (1962/1982)，第七章；以及 Aristotle, *Metaphysics*, 14卷第4章，1091a33-91b7。

[10]　参看 West(1978)，《神谱》454-500，以及韦斯特对454行与497行的评注；还可参看第48行，韦斯特认为此处为后世误植，因为这里描写缪斯唱诵宙斯"在最初和最后的地方"，然而此前她们刚刚诵唱的是他"在第二个地方"，是该亚和乌拉诺斯后裔的第二代。关于这个问题，参看 Vernant（1962/1982）第七章，以及 Betegh（2004）173页和219—220页。

阿那克西曼德，亚里士多德认为他以散文体创作的神谱介于神话和自然哲学之间，在开篇即陈明宙斯（他命名为 Zas）**总是**在那里，如同克罗诺斯（Chronus，时间）和克托尼（Chthonié，土地）一样。[11] 对相同构思做出更为抽象表述的则是阿那克西曼德的论述。根据一段可以回溯至特奥夫拉斯特（Theophrastus）的记载，让我们能够得出一种可能的解释，表明阿那克西曼德第一次在"本原"的意义上使用了 *arkhê*（开端）这个术语，[12] 因为这个本原（此处即"无定"）证明其就"在开端之处"。[13]

"起源"这个术语的多义性及其承载的含义特征可以解释，

---

[11] Pherecydes 7 B1 DK = D5 LM; 以及 Aristotle, *Metaphysics*, 14 卷第 4 章，1091b8–10。

[12] 参看 Simplicius, *Commentary on Aristotle's Physics*, p. 24.15f. Diels (=, Theophrastus, *Opinions of the Philosophers*, Fr. 2 Diels)。依据另外一个不同的解释，阿那克西曼德也是第一个将自己的本原称作"无定"（unlimited）的人。

拉克斯本注释中提到的两个参考文献，一个是辛普里丘以希腊文对亚里士多德《物理学》做的评注，一个是特奥夫拉斯特文献中辑录而来的"哲学家观点汇编"。但拉克斯并没有将前者及其现代汇编本，以及后者所从出的第尔斯《希腊学述》列入书后参考文献。其中辛普里丘的《〈物理学〉评注》，收入策勒（E. Zeller）主编的亚里士多德著作古代希腊文注疏合辑（*Simplicii in Physicorum Libros quattuor priores, Commentaria in Aristotelem Graeca, vol. IX*, Berlin, 1882），拉克斯这个注释所指辛普里丘文本即出自该书第 IX 卷的 p. 24.15f。其中特奥夫拉斯特文献，出自第尔斯以拉丁语为工作语言编纂的早期希腊哲学学述文献汇编 *Doxographi Graeci*《希腊学述》，现在通行本为德国柏林 De Gruyter 出版社 1929 年版。第尔斯作为该书作者，其姓名也以拉丁语写为 *Hermannus Diels*。该书当中特奥夫拉斯特现存文献里记载早期希腊自然哲学家思想的篇章，被汇编为 *Theophrasti Physicorum Opinionum fragm*，拉克斯这个注释所指文本即出自该部分的残篇 2。——此段为译者注

[13] 卡西尔在使用这些术语的时候对前苏格拉底思想家的"本源"（origin）和"开端"（beginning）进行了区分，参看本书边码 87 页。

为何有些作者会选择避开它，而选择"开端"这一术语。例如，在一本题为《开端》的著作里，萨义德（E. Saïd）特别提道："由于在**开端**一词和**起源**一词之间存在着一个变化莫测的意义体系，大多数意义就会在两个词里面确定一个作为首选，以便传达更大的优先性、重要性以及解释效力。"他继续说道："我选择使用开端一词，是因为它更具主动意义，而起源一词则更具被动意义；比如'X 是 Y 的起源'，而'A 的开端通向 B'。在合适的地方我希望阐明，起源观念在其被使用之际如何因其被动意义，让我相信应该对之加以回避。"[14] 显然萨义德在这里思考了对"起源"一词的意识形态使用，但是他太轻易地就诋毁了历史研究。就古希腊而言，贝尔纳论著中关于希腊突破的埃及（被推定为**黑色**）起源则提供了一个令人悲哀的例证。[15] 基督教早期希腊护教士亚历山大的克莱门（Clement of Alexandria）曾经提出，希腊人从《圣经》当中偷来了哲学，但第欧根尼·拉尔修早就在其《名哲言行录》的序言里提供证据对此做出了反驳，表明存在着希腊文化中心对希伯来《圣经》的反哺。[16]

---

[14] Saïd 1975, 6.

[15] 参看 Bernal 1987–1991。对其的批评回应，参看 Lefkowitz 1996。

[16] 在此前相当长一段时间里，世界范围已经显著扩大，希腊遗产也更加直接地与其他文明相遇，克莱门已经回溯到了柏拉图和亚里士多德来重新定向并详加阐发相关论题。关于克莱门和第欧根尼之间的关系，可以参看 Canfora（1992）以及 Ramelli（2004）极具启发性的推测；关于第欧根尼·拉尔修著作序言的描述，可能比我们通常怀疑的要更加模糊难辨，参看 Laks（2015）。

针对肖勒姆（G. Scholem's）考察卡巴拉起源的著述，伊德尔（M. Idel）在对其的批评框架内用以下术语重新阐述了开端和起源之间的区分：

> 不仅相对于比较被动的概念，前一个术语的表达要更为主动，而且在我看来，开端这个概念更好地反映了对历史时机的关注，当此历史时机，有些观念、术语或者体系据信被创造出来，与此同时，这个进程也就是创新。另一方面，各种起源指向的则是某种阻力，阻碍我们不要太过强烈地专注于找到产生某种精神现象的特定时间节点，这个术语更多考虑的是特定现象的来源，而非其突现出来的时机。[17]

对历史学家来说，仅仅确定卡巴拉的"来源"是不够的，肖勒姆认为卡巴拉起源于诺斯替主义和新柏拉图主义，至于他的任务，则是遵循历史可察的编年顺序对某个突现的复杂进程做出说明。但是还有更多、更严肃的内容值得探究。把复杂的突现进程归结为背景，有利于采纳规范性的视角。这不仅仅是因为起源没有被充分地时间化，因而也就不足以成为历史的对象，更重要的是，起源在本质上是令人生疑的。通过将卡巴拉的起源归结为"一

---

[17] 参看 Idel 2001, 320。

种革命，去反抗反神话的犹太教，或许这部分地就是犹太的起源"，肖勒姆构建出一种本身即为神秘主义的同源性，它介于卡巴拉运动和犹太复国主义运动之间，让这两者相会于对某种版本的犹太理性主义的共同回应之中。[18] 以这种方式，肖勒姆本人就当得起"诺斯替"这个名头，因为每一种诺斯替主义的本质特征之一就是，拒绝将起源与其目标或者目的分割开来。[19] 这就等于说，被背叛的就是历史自身，而卡巴拉运动最初就是以历史的名义被动员起来，以抗衡其在犹太历史的"启蒙"传统内的消亡。

但没有任何迹象表明，如果我们讲的是"开端"而不是"起源"，我们就会有更大的收获。首先，旨在区分"起源"和"开端"而进行的语义分析很容易就发生反转，因为如果说在某些情况下，"开端"的历史性被挑拨而与"起源"的规范性相互攻讦，那么"起源"一词自身就远非必然地承载着末世论的内涵。例如，对于欧内斯特·勒南来说，"一个**基督教起源**的历史不得不包含了所有的黑暗，以及……地下时期，从其宗教的最初开端开始，一直到它的存在成为一个明显在世人眼里尽人皆知的公开事实"[20]。显然，他所使用的"起源"一词，在某种意义上非常接近伊德尔所说的"开端"。让我们再回到古希腊，韦尔南《希腊思

---

[18] 参看 Idel 2001, 329。引文见 Scholem 1969, 98。

[19] 参看 Idel 2001, 315。引文见 Bloom 1987, 69。

[20] 参看 Renan 1863, 8。

想的起源》中的"起源"就不是指"来源",而是指一系列历史的、文化的和结构的因素,它们之间的互动最终使希腊哲学的开端成为可能,但仅仅是在一个复杂进程的终点意义上才能这么说。这也就是为什么让读者可能感到惊讶的是,韦尔南的著作用一章做结论来论述阿那克西曼德(而通常他会被作为起点)。韦尔南重建了迈锡尼王权在公元前 12 世纪的衰败之后,城邦出现的**原生**(ab origine)进程,依据他的论题,城邦就是新的希腊理性之母。与此相比,很难想象我们还能给起源赋予更强的历史化以及更宏阔的时序化了。

反过来说,**开端**遭受不受欢迎的规范性的影响并不比起源少。也许,在某种程度上甚至更容易受到它的影响。因为一个开端往往与它是什么的开端是**同质的**,不像"起源"与由它产生的"以之为起源"(originated)的东西之间存在的关系,不仅与二者的异质性相适应,而且很可能就是以异质性为前提的(无论诺斯替主义还是新柏拉图主义都**已经**不是卡巴拉了)。但已经拥有开端的东西就是以其开端的样子存在的。在这种程度上,"开端"的概念和对"起源"的探究一样,都会导致给两者带来无关的概念或者问题,虽然可能并不会在意识形态上导致放大这些概念或问题。海德格尔正式称呼的三位"源初思想家"——阿那克西曼德、巴门尼德和赫拉克利特——对此提供了一个清晰的说明。这几个人物拥有共同的神话功能,就是通过希腊语言中的某些特有的伟大词语(*phusis*、*logos* 或者 *alêtheia*)[21]来证明存在(Being)之"退场"和"绽放"的同步。另一个例子是希腊起源故事中一再出现的"第一发明人"(*prôtos heuretês*)的神话形象。[22]如果说确定第一发明人的风险如此之大,那是因为发明人决定了发明的根本形式,对于哲学还有其他艺能一样,都是如此。在亚里士多德《形而上学》第一卷关于哲学开端的记叙中,他把"第一代哲学家",特别是泰勒斯的功绩归功于第一次产生了一个质料本原的想法,这个质料本原就是万物的"基质",它们的"本性"也将由它构成。但众所周知(特别是从第欧根尼·拉尔修那里),有些人声称,与之相同的概念可以追溯到俄尔甫斯的弟子穆萨俄斯(Musaeus),显然这就不同于亚里士多德的模式,并在哲学优先权的问题上和他形成了竞争。[23]而就亚里士多德的弟子和继承者特奥弗拉斯特而言,他认为泰勒斯的兴趣与其说是形而上学的,不如说是天文学的,据此他坚持认为,在"探究自然"的问题上,"已经有许多其他人先于"泰勒斯,他只是凭借自己无可否认的"优越性"才成功地使他们黯然失色。[24]还有一些人则使用另外一种标准,

---

[21] Zarader (1986) 将这几个词语称作"源初词语",还可参看 Courtine 1999。

[22] Kleingünther 1933 中搜录了这些文本;还可参看 Thraede 1962。

[23] 参看 Laks 2004a。

[24] Simplicius, *Commentary on Aristotle's Physics,* 23, 29–32 Diels = Theophrastus, *Opinions of the Philosophers,* Fr. 1 Diels.

提议毕达哥拉斯作为哲学的发明者：据称是他提出了"哲学"这一基本术语，与其通过"基质"这样的理论**内容**来定义哲学，不如通过它的**形式**来给出定义。就此而言，也即采取一种为了追求知识而追求知识的"理论"态度，这也可以解释为什么天是它的专属对象[25]。根据如何定义哲学，哲学的出发点显然可以变得多元化，这一点对于现代历史学家和古人来说同样适用。尽管亚里士多德的叙事产生了巨大影响，把泰勒斯提升到了"第一哲学家"的地位，但比泰勒斯稍晚的阿那克西曼德和巴门尼德，或者还有比他更早的斐瑞居德，实际上甚至赫西俄德，都是这个（甚至是还不成熟的）萌芽学科之"发明权"的强有力的潜在候选者，如果人们真的想要确定候选者的名字的话。[26]

我们在这里触及了历史编纂学上的问题，即什么"标志着一个时代"，根据术语的词源学意义，也就是说打断了一个连续性，因为 *epochê* 首先是指一个"暂停"，以为后来者牟取利益。自 18 世纪以来对这个范畴的历史使用刻画了一个时代的整体性，

---

[25] 参看本书边码 5—10 页。

[26] 我们还必须考虑下面这种特殊的解释冒险，在新柏拉图主义以及文艺复兴时期融合主义的视角下，哲学起源的问题被归属于"异邦人 / 野蛮人"（barbarian），也即非希腊人，特别是埃及人。而启蒙运动（特别是由 J. Brucker 代表）的历史学编将泰勒斯作为哲学起源的代表（参见 Blackwell 1997），从而打破了异邦人起源这个概念，因为这就像把《形而上学》中的亚里士多德与《论哲学》中的亚里士多德相提并论一样。（参看前述第四章 [英译本注为第三章，应为讹误] 原书边码 53 页，以及注释 2。）

这个时代由一个参照事件（或者说，对于前苏格拉底而言，它由一个参照事件得出了结论）揭开序幕，但这很容易产生两个谬误推理，其中之一可以被称为完全包容的外延谬误推理，它根据一种倾向或者理想类型将某个特征转化为一个被考察时代的内在规定（就前苏格拉底哲学而言，"自然哲学"的概念常常扮演了这一角色[27]）；以及有关原因的认知谬误推理，它倾向于忽视被归属到据信是初始（或终端，在所考察的时代结束时）事件上的象征性功能，从而给予它一种真正规定性的效能。就我们所考虑的时代而言，这里在这个话题下讨论的主要就是泰勒斯和苏格拉底。

布鲁门贝格（H. Blumenberg）已经清晰证明了第二个谬误推理的动态过程。他展示了历史科学如何早先在其浪漫主义阶段，就已经强烈地以时代概念为基础（而时代自身就表达为历史个体性的一个范式），如何以历史的名义不断地模糊时代概念的界限，给各个时代成倍添加一些中介阶段，从而逐渐将不同阶段之间出现的中断的重要意义相对化。[28] 在这样的倒退过程中，时代失去了它作为内在的、实质性的规定性的使命，按照布鲁门贝格的说法，时代变成了一种用于分类的方法，其可靠性都值得怀疑。[29]

---

[27] 参看本书边码 5、10 页。

[28] 这也是对各式各样的"文艺复兴"的数量和发生日期进行广泛争论的用意所在。参考 Panofsky 1960, chap. 1。

[29] Blumenberg (1966/1983), 462.

事实上，在这种情况下，追寻什么是神话这个问题就是为它去追溯一条独特分界线的行动，为它设定一个绝对的起点，重要的是，它往往采取一种历法的形式，而不是占星学的形式。现代的瓦尔米战役（Valmy，1791年）和古代的萨拉米斯战役（Salamis，公元前480年）就在这方面提供了两个突出例证。[30] 在哲学史领域，1642年，伽利略逝世，牛顿诞生，这种同步性标志着两个时代之间的界限。[31] 正是为了反对这种类型的错觉，布鲁门贝格以**界墙**（*limes*）*的名义来分配时空边缘的材料，从字面上看，就是将罗马帝国与其之外的地域分隔开的缓冲地带；从历史上看，事情已经发生了转换，而我们却再也不能够说清具体时间。[32] 布鲁门贝格的界墙，正如过去一样就是一个名称，对于所有的历史复杂性来说，其效应都可以用这个名称来衡量，但却无法确定其精确的分界线。这也就是为什么布鲁门贝格认为要替换掉一个独特的出发点，而以虚构的两个参照点去加以替代考察，这两个参照点同时也是彻底的转化，为发生于其间的变化的现实提供了证据。这

---

[30] 萨拉米斯战役提出了一个著名的共时性，并且因其空间上的构成成分而倍增：在公元前480年，埃斯库罗斯与米底人作战，索福克勒斯则翩翩起舞庆祝胜利，而欧里庇得斯彼时出生在这个岛屿上。（参看 Tyrell 2012, 20）

[31] Blumenberg (1966) 1983, 460.

* *limes*，指罗马帝国时代在各个边境修建的带有防御和隔离功能的长城，后来也引申出国家边境、边界的意义。——译者注

[32] 穆齐尔《没有个性的人》（Musil, *The Man without Qualities*, 1995）第十六章就为这种类型的情况提供了一个惊人的描述。

也就是他早先对库萨的尼古拉的思想、后来对乔尔达诺·布鲁诺（Giordano Bruno）的思想进行比较分析的意义。

这个问题对于分析"哲学的开端"的相关性是显而易见的：泰勒斯或其他人物在功能上与瓦尔米战役或1642年是一样的。问题是，在分析希腊思想的起源时，人们是否应该像布鲁门贝格那样，用更谨慎的"参照点模式"来代替显而易见但却神话般的固定起点，这些参照点固定在一个大范围疆域的这一边和另外一边，而这个疆域的轮廓是流动的。

在这种方法中，当然存在很多益处，也包含很多真相。但是，审慎的态度不应该不审慎地被加以使用。卡西尔（E. Cassirer）在《神话思维中的概念形式》（*Die Begriffsform im mythischen Denken*）一文中指出，就文艺复兴问题而言，指定"几乎正好是'思维模式革命'开端时刻"的可能性，"在思想史和观念史上是一个罕见现象"。[33]"几乎"就是指几乎，而"罕见"则意味着可能。诚然，在卡西尔那里，存疑的起点已经呈现出一定的复杂性，因为所涉及的既不是一个独特的事件，也不是一个独特的名称，而是某种"融合"。按照他的观点，现代科学思想的诞生可以定位在两个事件的结合点上，一个是笛卡尔的《指导心灵的规则》（*Rules for the Direction of the Mind*，约1628年创作）的出版，它

---

[33] Cassirer (1922/1969), 54.

首次提出了**普遍数学**（*mathesis universalis*）的观念，把它作为一门关于度量、秩序和数字的总体科学；另一个是开普勒 1619 年在《世界的和谐》（*Harmony of the World*）中不可逆转地否定了此前他曾长期认同的占星学思维模式。[34] 这个想法出自一位对星座特殊性有专业认识的学者之口，这启发我们重新审视：哲学在希腊的诞生，是一个其划时代性质不亚于现代科学的诞生的事件，历史理性从非连续性那里得到的滋养不亚于从连续性得来的。

就古代而言，至少在某些情况下存在以下这样的事实。我们关于一些创始人物的资料显然（或几乎显然）是追溯性推算的结果，因此将基质学说归于泰勒斯，或将"哲学"这个新词归于毕达哥拉斯，这就使问题变复杂了。之所以复杂化，而非简化，是因为这些建构并不能简单地被随手消除。正如我们在前一章中看到的，在这样或者那样的继承源流当中，当然会出现到底在多大程度上可能不存在某种历史真相的问题，比如把苏格拉底和阿基劳斯联系在一起，这就让我们有充分的理由认为它是一种建构。[35]

除了各种偶然的、本质上是技术性的问题外，我们资料来源的状态和特性也会产生方法上的问题，它需要一种有洞察力的触

---

[34] Cassirer (1922/1969), 55–56.
[35] 参看本书边码 17—18 页。

感以便加以评估和使用，这就提出了一个更普遍的问题，也即，在历史时代的建构中如何提及个人的问题。这个提法在处理历史时代的问题时显得更加合理，当有一个人作为作者或者创造者时，会被认为是特别的一个人（这在公元前 7 世纪至公元前 6 世纪的希腊就被当做出现"突变"的一个方面），[36] 并假定了这个人的所作所为符合"开端"或者"起源"这样的去神话化概念。萨义德中肯地指出，开端的独特性在于，与其追问他们是什么人这样的事实，不如追问他们使得什么成为可能，或者说获得了什么授权（authorize）。[37] 这个术语的用处在于，它勾画了开端的概念，但又比"第一发明人"这种表达少了一些夸张，多了一些谦逊，同时又给思想史上的关键事件分配了一个合适的位置。事实上，这样的开端概念本身就得到了色诺芬两句名言的"授权"，他是这么说的："神明并没有从开端之处 [ap' arches] 向凡人指明一切，但是他们，可以在时间中，去寻求，去发现更多更好的东西。"[38] 或者像亚里士多德，他也在《辨谬篇》最后一章指出过开端面临的必要困难。当他发现自己是有史以来第一个将逻辑分析领域划

---

[36]　参看 G. E. R. Lloyd 的有关著作，特别是 Lloyd 1997。

[37]　Saïd 1975, 34.

[38]　21B18 DK = D53 LM. 这两行诗句更多的是坚持发展的时间性，而不是神／人的对立，因为这种对立被人称代词"他们"（或者说"它们"——中译者注）的不确定性边缘化了。参看 Babut [1977] 1994；参考 Fränkel 1975, 333。

分出来的人（这一点其实几乎没有理由去否认），[39] 其间的不确定性蕴含了在"开端"与它们是什么的开端之间的某种异质性（正如前面我们在起源这个术语那里看到的情况一样），这是一个亚里士多德不会——而且肯定不可能——去强调的问题，因为他有其自身的终极形而上学预设。

　　渐次形成的发展并不意味着一个实体的同一性从潜能逐渐走向现实，以便揭示一种从开端之处就在场的本性。亚里士多德不仅是在自然运动的情况下才这样认为，而且对于一般的历史发展，特别是哲学史的发展，他也是这样认为的，[40] 但是，取代那些能够"自己授权"，而且实际上就是给自己授权了的方案，借助在它们之前就存在的另一个方案，从而在一个新的、不可预见的方向上发展它、影响它或者与之竞争。从这一点来看，正是在色诺芬的标志下，而非在亚里士多德的标志下，我们可以将哲学在希腊的起源或者开端（以人们喜欢的术语为准）的有关研究有所安放。

---

[39] *Sophistic Refutations*, 33.183b25-26.
[40] 参看前述第四章注释2。

第六章　攸关何在？

如果把"前苏格拉底"视为某个思想家群体（而不是把他们当作个别思想家），从范式上则说明了与起源有关的两种可能方式，就希腊理性的起源而言，就是根据这些起源方式是否在其他或者相同方式的庇护之下，也就是说置于非连续性或连续性的支撑之下。我在第一章中以苏格拉底 – 西塞罗式和柏拉图 – 亚里士多德式的名义划分出来的两个古代传统，正是直接据此做出的区分，[1]这两个古代传统在现代也有其反理性主义传统的对应项。以某种他者的名义，反理性主义传统延续了尼采的重估，并对亚里士多德类型的所有基于连续性的历史编纂学提出了异议；还有一个理性主义的潮流，它确定了由"前苏格拉底"思想家提出的问题，哲学的后人将永远不会停止从中汲取养分。作为一种知识兴趣的功能（采用哈贝马斯的术语）以及一种哲学传统的功能，这两种选择如何被具体化？从而形成了潜在的或实际上相互竞争的模式，本导论的目的不在于分析其各自的特点。我之所以选

---

[1]　参看本书边码 1—2 页。

择以德国传统的两位学者——卡西尔和伽达默尔——来说明这一点，是因为我对他们相对熟悉，但我对他们各自方法的刻画所要说明的一般要点，不但可以描绘出被认为是属于"欧陆"传统的立场，同样也可以描绘出盎格鲁-撒克逊历史编纂学在古代哲学领域的很多关切。

毫无疑问，正是现象学提供了在哲学上和历史编纂学上的最具影响力的非连续性模式的现代版本。对这一立场的恰当说明，与其说是来自海德格尔本人（他需要另外做出单独的分析），不如说是由伽达默尔以"哲学的开端"为题的导论式演讲录[2]实现的。该讲演录收集了他从20世纪30年代开始专门讨论这一主题的主要文章，而且反映了海德格尔式路径在这一领域的基本倾向。有两个信念主导了伽达默尔所做的分析。前者使他坚持认为，在前苏格拉底哲学中，只有巴门尼德才是真正重要的。这个论点的谱系一直可以追溯到柏拉图的《智者》，在这个对话录里，巴门尼德被提升到了"父亲"般的位置，[3]只有在与他相关的情况下，包括赫拉克利特在内的其他哲学家才能得到阐释。后一个信念有

---

[2] Gadamer (1996/2001). 除了这些讲演录之外，大部分伽达默尔论述前苏格拉底哲学家的著述，都可以在《伽达默尔全集》（*Gesammelte Werke, GW*）收录希腊哲学研究的三卷当中找到。（Gadamer 1985—1990）

[3] *Sophist* 241d.

其方法论次序，处理了得以区分前苏格拉底哲学家的两个特征。第一，他们位于一个开端之处，此处即是希腊哲学的开端（《讲演录》的副标题较为约束：他们考察的仅只是哲学）。第二，他们的作品只是通过摘要和引用的方式间接传播，因此呈现了一种被过滤的和碎片化的方式。这两个特点使伽达默尔能够将他的方法与两种看似对立的历史理论联系起来，同时他谴责这两种历史理论形成了共谋，即黑格尔（被视为历史目的论的代表）和科学的历史主义（特别是以第尔斯为代表）。以上两个形式上的规定性特征——开端和碎片化，让巴门尼德成了前苏格拉底哲学的核心人物，因为巴门尼德不仅在恰如其分的意义上开创了哲学，而且他是唯一一个可以在一定程度上被解读为"为其自身"（for himself）的哲学家，在一处文本当中，用一个矛盾修辞的说法，他可以被称为是部分的完成品。[4]

站在目的论的前沿，伽达默尔提出了一个让人难以表达异议的简明论证：他把开端概念从进化论的影响中解放出来。他的想法是，发展的概念蕴含了一系列必然的阶段，所有这些阶段从开端之处就被包含在起源之中，开辟道路，直抵一个确定的终点，以这样一种方式，**目的**（*telos*）已经潜在地存在于种子里了。伽

---

[4] 整个巴门尼德诗篇的序言和第一部分（论"是"之真）的大部分，连同向第二部分的过渡（宇宙论观点）都被保存了下来。后一部分的遗存很少，但学述文献让我们能够对其观点有相当确切的了解。整个诗篇的篇幅大概不超过荷马史诗中的短篇，最多三百行。

达默尔放弃潜能和萌芽的隐喻，而是采用哲学**青年**的隐喻，青年被理解为这样一个阶段，蕴含着多重的可能性，如果不是包揽所有可能性在内的总体性的话。[5]

就其本身而言，这个隐喻及其蕴含的开放理念是完全可以接受的。但是，伽达默尔在使用它的方式上出现了问题。首先，第一个疑问就是伽达默尔是否真正摆脱了开端／终结这一对概念组的辩证法，以及，实际上他是否能够指望真地摆脱它。其解释学的根本原则依赖这一理念，即对文本的理解取决于作者和其解释者的"视域融合"。他自己也指出，"开端总是蕴含着终结"[6]，当他谈到形而上学的前史（Vorgeschichte），或者把自己著作的一个章节标题定为"通往柏拉图的道路"（Auf dem Wege zu Platon）时，[7] 他给人的印象就是，柏拉图完成了巴门尼德开启的事业。

其次，最重要的是，他提出的分析在多大程度上成功地给出了这个"青年"的可信形象。因为伽达默尔的方法表现出一个很强的特色，他希望将前苏格拉底思想中讨论、批判和论战的作用降到最低，实际上就是否认这些作用，这不仅与人们对于青年角色的合理观念严重不符，而且其立场本身显然也是引人质疑的。

---

[5] Gadamer (1996/ 2001), 17.

[6] Gadamer (1996/ 2001), 15.

[7] 《伽达默尔全集》第七卷的第一部分。

他的这个论题，几乎是一成不变地从海德格尔那里继承而来，[8]并且一致的是，想要对传统上形成的巴门尼德和赫拉克利特之间关系的认识做出修正。按照其辩证法的基本架构，黑格尔认为巴门尼德与赫拉克利特之间形成了相互回应，无论认为是谁对谁做出了回应，要么是巴门尼德被赫拉克利特（在黑格尔那里，赫拉克利特的生成时刻紧随着巴门尼德的存在[being]时刻）回应，要么是赫拉克利特被巴门尼德（自雅各布·贝尔奈斯[Jacob Bernays]以来被广泛认同的观点）回应。相反，伽达默尔经常坚持要将两位哲学家从两人的关系当中解脱出来，认为这两位哲学家的思想是相互独立的，他的这个观点和另外一位学者的观点类似，即莱因哈特在（K. Reinhardt）1916年出版的《巴门尼德与哲学史》(*Parmenides und die Geschichte der Philosophie*) 一书所提供的解释。莱因哈特值得赞赏的观点是，他坚持认为，巴门尼德的残篇 28B6 DK(= Frag D7 LM)，对生活在"是"与"不是"双重视角中的"双头"凡人所展开的攻击，不是针对赫拉克利特，而是针对一般的人类。[9]这个论证拒绝将凡人与赫拉克利特相提并论，

---

[8] 参见 Heidegger 1979 (= GA 55), 41–42。

[9] 见 Reinhardt 1916, 66。巴门尼德残篇 28B6.4ff DK(=PARM.D7.4ff.LM) 说："这一条[即探究之路]，是一无所知的凡人/发明的[或：凡人……于此徘徊]，他们有双头[锡利群岛的生物]！因为在他们/胸中的无助牵引着他们游荡的思想；他们背负而行，/无听，几至无明，昏聩昏沉，不知部属哪里[或：毫无判断]，/他们猜测着'这是或不是'[或：那所是的以及不是的]既是一样/也不是一样……"

82 但这对其他任何哲学家也都成立，其实并不真正令人信服，因为不清楚为什么"凡人的意见"不会包括哲学家的意见。从巴门尼德和他的女神的角度来看，他们只是阐述了凡人的**隐性**立场，这个问题从解释学的角度来看很有意思，需要细致讨论。但是，即使莱因哈特在这一点上是对的，伽达默尔基于这一特定案例进行的普遍概括也并不令人信服，或者更确切地说，他的观点是，这一特定案例是对一个普遍准则的说明，然而即便这个立场也并不可信。如果巴门尼德没有攻击赫拉克利特，那是因为前苏格拉底思想家相互之间都没有做出回应。因此，伽达默尔所反对的所谓"黑格尔式解释"（*interpretatio hegeliana*），这个短语不仅涵盖的是黑格尔历史哲学的正式黑格尔主义立场，而且也涵盖了泛滥的黑格尔主义，那是伽达默尔看到的在通常的、最不黑格尔主义的古代哲学史家中起作用的那种所谓黑格尔主义。这里就不用提到策勒了，在策勒那里，黑格尔的影响不仅是显而易见的，而且也是他明确主张的：[10]

> ……我们不仅要拒绝相信为特奥弗拉斯和学述作者提供基础的亚里士多德主义解释学（*interpretatio aristotelica*），

---

[10] 有关策勒与黑格尔的关系，参看 cf. Laks 1999, 468-469; 2007, 17-18; 参看本书边码 20—21 页。

而且也要拒绝相信主导整个现代性的历史的和语文学思想的解释（interpretatio）——尽管历史学派是反黑格尔主义的——以及我所谓黑格尔主义解释学（interpretatio hegeliana）。它被视为不言自明的预设，肯定不是像在黑格尔那里的一样，根据其内在"逻辑"来总体地理解历史。但对它来说可以肯定的是，每个思想家和他们的学说是相互关联、"超越"、批判并相互斗争的，因此，一种逻辑上可以理解的一致性构成了传统的对话。[11]

因此，我们在这里发现的前苏格拉底哲学的概念不仅可以称为是反辩证法的，甚至可以称为是反关系的。乍一看，在伽达默尔自我信奉的对话主义的语境中，这种观念可能显得很奇怪。但事实上，它完美地反映了伽达默尔本人的两种哲学模式之间内在的紧张关系，即历史性模式（前苏格拉底作为存在 [being] 历史的一个阶段）和对话模式（以某种方式由柏拉图主义的兴盛为代表）之间存在的这种紧张。但毫无疑问，更确切地说，这是一种缺乏任何原本对话特征的对话概念（这也可以解释伽达默尔如何能够从前苏格拉底的角度来解读柏拉图）。[12] 这种反理性解释的

---

[11] Gadamer 1985 (GW, vol. 6), 59.
[12] 同样的紧张也能在伽达默尔对亚里士多德和柏拉图关系的解释中找到，这两人经常针锋相对但最终总是说出同样的事情。

正面对应物，并不像在尼采的概念里那样是一种围绕宏大个体的理论，尼采的概念属于那些"精神的暴君"，他们每个人都"对自己和自己的'真理'拥有坚定的信念，并以此推翻了他们所有的邻居和前辈"。[13] 这种对应物是一种根本上同质化的方法，依据这种方法，希腊的第一批思想家都用一个声音说话。但可以肯定的是，伊奥尼亚思想家和巴门尼德之间是有区别的，前者思考的是**自然**（*phusis*），后者思考的是对所是事物的直接领会（这是一种非传统但独特的解释，然而却符合现象学传统的某些部分）。[14] 但实际上，伽达默尔认为伊奥尼亚思想家和巴门尼德由一种从未打断的连续性相联系，巴门尼德探求的，就是伊奥尼亚思想家达到的真，一直如此：

> 对第一个时代所有的前苏格拉底哲学来说，其结果在基本动机上具有惊人的统一性。米利都学派、巴门尼德和赫拉克利特都表达了同样的差异统一的基本观点。在结果上这毫不奇怪。恰恰相反：我们不仅要学会从亚里士多德的观念中解放出来，而且要学会从黑格尔和现代的观念中解放

---

[13] Nietzsche, Human All Too Human, §261（"精神的暴君"）/ Nietzsche 1980, 2:215。

[14] 这种现象学的解释伴随着对巴门尼德诗篇的两个部分之间关系的重新评价，主要是基于 noein 这个术语的语义，noein 通常被翻译为"思考"，但实际上指的是一种直接把握，即亚里士多德所说的"日常接触"（contact）（参见 Gadamer[1996/2001], 103）。关于对巴门尼德的现象学接受的进一步参考文献，见 Laks 2004b 第二部分。

出来，这些思想家形成了一个相联系的序列。他们从来都不是以哲学来对抗对方，而是以哲学家的身份来对抗凡人的非哲学。[15]

就对前苏格拉底的解释情况而论，对历史主义的克服实际上援引了柏拉图，他已经勾勒了伊奥尼亚思想之统一体的轮廓，实际上也就是整个前苏格拉底思想的轮廓。因为伽达默尔不无刻意地指出，柏拉图在《泰阿泰德》[16]中将其他前苏格拉底思想家以赫拉克利特主义者的名义集中在一起，形成与爱利亚学派的对立，是由于柏拉图能够在爱利亚学派的所是者（being）学说中找到特别的兴趣，这不影响将他们组合在一起以寻求更深层次的统一性。

  首先是柏拉图看待"前辈"的方式促进了这项任务。因为他把他们所有人——除了唯一例外的爱利亚学派——都看成是一个统一体，他用一个名字为他们洗礼，称他们为"赫拉克利特主义者"。很明显，这种构想传统的方式是一种不相容的构造，其真正动机是通过理念论对爱利亚学派的"是"

---

[15] Gadamer 1985 (GW, vol. 6), 34. 这段话有很多类似表述，例如还可以参看 59—60 页。

[16] Plato, *Theaetetus* 179e.

的观念进行积极的吸收。这样一来，爱利亚学派思想的接受史将始终提供一个进入爱利亚学派的基本通道，而柏拉图则位于其顶峰。[17]

在伽达默尔对柏拉图的关注中，柏拉图被视为"哲学开端之无可比拟的见证者"[18]，**稍事修改**（*mutatis mutandis*），伽达默尔就回到了黑格尔的立场。黑格尔将亚里士多德视为哲学开端知识的一个完全充分的来源，并为之辩护；[19] 伽达默尔也因之将亚里士多德在《形而上学》第一卷中提供的信息降到最低，在那里，讨论、论辩、论证和进步构成了一个阐释中心，并以历史的目的论概念为深刻标志，实际上伽达默尔所谓黑格尔主义解释学的一切都已经存在于亚里士多德之中了。[20] 令人不安的是**效果史**（*Wirkungsgeschichte*）[21]，它确实在这里有其作用，但最后似乎安然接受了前苏格拉底思想家原作的丧失，给人的印象是，除了柏拉图所说的之外，这些作品不再有更多的内容。这是伽达默尔

---

[17] Gadamer 1985 (*GW*, vol. 6), 60.

[18] Gadamer 1985 (*GW*, vol. 6), 60.

[19] Hegel 1995, 166-167.

[20] 参考本书边码 82 页的引文，载于 Gadamer's "Heraklit-Studien"（赫拉克利特研究），他称黑格尔为"现代的伟大亚里士多德主义者"。Gadamer 1990 (GW, vol. 7), 82.

[21] 这个术语通常被翻译为"接受史"，但此英文术语并没有很好地翻译这个德语组合词的第一个部分 Wirkung，这个词的意思是"效果"或者"功效"。

立场中的一种新的紧张关系，在这一根本原则与认知之间，不以柏拉图和亚里士多德为中介，而是有一个深入完整作品的直接通道，这对于理解他们才是至关重要的。[22]

虽然伽达默尔在其前后文里没有引用卡西尔，[23] 但后者讨论前苏格拉底的方式为伽达默尔所谴责的那种历史提供了一个完美的例子。但卡西尔的方法在这里还是值得考察，不仅仅因为它不太为人熟知，而且还因为，尽管它面临着若干反对意见（包括伽达默尔所阐述的对任何黑格尔类型的历史编纂的反对意见），尽管它的某些解释已经过时，但它拥有的信息质量和在哲学上的针对性远远超过阅读伽达默尔所能获得的东西。甚至可以说，卡西尔的论述仍然构成了现有关于前苏格拉底哲学的最佳导论之一。

卡西尔的所有著作，甚至是最系统的著作，都具有重要的历史维度，它以不同程度的概括性和时间尺度阐明了属于哲学史、科学史和一般思想史的若干序列，因为卡西尔并没有把哲学史与思想史分割开来。古代始终在这些序列中扮演着重要的角色，无论是在 1910 年卡西尔的《实体与函项》(*Substance and Function*) 出版之前还是之后，这部著作标志着他对古代与现代之间的大尺度关系的解释发生了重要的转向。在 1906 年出版的《知识问题：

---

[22] Gadamer (1996/2001), 94.
[23] 总体而言，伽达默尔对卡西尔的提及非常少，而且不太重要。

黑格尔以来的哲学、科学与历史》(*The Problem of Knowledge: Philosophy, Science, and History since Hegel*)里,卡西尔专门将论述古代思想的一章作为该著第一卷的导言,[24] 他仍然预设古代思想与现代思想之间存在着基本的连续性,因为他认为现代思想的"内在进步"使其将知识问题置于其关注的核心,而不是将其从属于其他系统性的问题,这可以追溯到希腊思想的本原,就此讨论而言,则可以把柏拉图式的科学知识理论界定为科恩(H. Cohen)和那托尔普(P. Natorp)那样的新康德主义版本。[25] 正是这种连续性又让卡西尔对实体和函项的现代新区分产生了质疑,而这种区分已经可以被作为区分古代与现代的一种方式,因为古代思想本质上是实体的(这就质疑了新康德主义者对柏拉图理念论的去实体化解释),而现代思想本质上是函项的(关系的),这就解释了卡西尔为什么没有在《知识问题》的第二版中重印 1906 年的那个章节。[26]

尽管如此,卡西尔仍然对希腊哲学的起源和发展非常感兴趣。在他生命的最后阶段,他把在广义上理解的希腊思想的产生作

---

[24] Cassirer 1906, 20–50.

[25] 有关柏拉图理念论的新康德主义解释,参看 Laks 2004c。那托尔普对前苏格拉底也很感兴趣,尤其可以参看其著作《古代认识问题史研究》(*Forschungen zur Geschichte des Erkenntnisproblems im Altertum*, 1884),这个标题也预示了后来卡西尔的重要研究。

[26] 关于卡西尔撤掉这一章的含义,参看 Krois 1996。

为他1941年在瑞典发表的《逻各斯、正义、宇宙》(*Logos, Dike, Kosmos*)一文的对象。同年，卡西尔在耶鲁大学开设了一门关于古代哲学史的课程，其中包含了一系列关于第一代哲学家的讲座。[27] 但他关于这一主题最集中、最系统的文字是由题为"从开端到柏拉图的希腊哲学"（"Die Philosophie der Griechen von den Anfängen bis Platon"）的文章完成的。这篇文章成为马克斯·德斯瓦（Max Dessoir）于1925年出版的《哲学手册》(*Lehrbuch der Philosophie*) 第一卷的第一篇，专门论述哲学史。[28]

卡西尔对希腊哲学开端直至柏拉图的讨论，沿用了亚里士多德《形而上学》第一卷的观点，在这一点上，他与伯内特在1914年出版的经典哲学史《从泰勒斯到柏拉图》(*From Thales to Plato*)是一样的。[29] 卡西尔的选择无疑反映了他希望与20世纪20年代在德国占主导地位的、看待前苏格拉底哲学的后尼采式方式保持距离。[30] 在讨论前亚里士多德的哲学家群体时，卡西尔

---

[27] 我能接触到这些导论的讲座稿，要特别感谢卡西尔遗稿的共同主编John Michael Krois，这些稿本没有引起外界的重要关注，也没有收录进卡西尔的《遗稿与文本》(*Nachgelassene Manuskripte und Texte*, Cassirer 1995-2014)。

[28] 这一章里有关从亚里士多德到古典时代结束的古代哲学史（"Die antike Philosophie von Aristoteles bis zum Ausgang des Altertums"），由Ernst Hoffmann撰写。这个文本是作为入门手册的，因此也致使其并不如卡西尔的其他著作那样引起广泛的关注。

[29] Burnet 1914.

[30] 有关"二战"后前苏格拉底哲学的广泛流行及其文化意义，参看Most 1995。

在"前阿提卡哲学"（*Vorattische Philosophie*）和"阿提卡哲学"（*Attische philosophie*）之间采用了一种纯粹的地理区分，因而也是在概念上保持中立的划分。[31] 尽管如此，他仍然坚持了传统的区分，即早期哲学对"自然"的取向，以及后续苏格拉底和柏拉图开始以人和主体性为尺度，并开辟出一种以**语义**启发为主导的哲学。卡西尔提供了一种独创性的解释，打破了新康德主义者纯粹的认识论路径，而在他自己符号形式哲学的前史当中寻找前辈（其中卡西尔的阐释与他自己著作的创作是同时进行的）。通过这种方式，他把从前苏格拉底到柏拉图的发展设想为从"在空间或时间中被给予的事物之所是"到"意义之所是"的过渡。[32]

根据一个明显受到黑格尔深刻启发的表述，卡西尔将整个历史置于发展（*Entwicklung*）的标志之下，作为"逻各斯自身发现的历史"（*Geschichte des sich selbst Findens des Logos*）是由三阶段——自然知识、道德知识和知识的知识——组成的一个发现过程。[33]

在"前阿提卡哲学"这个我们唯一需要关注的对象里，卡西尔区分了四个有系统联系的阶段，这四个阶段实际上对应着三个

---

[31] 参看本书边码 30 页。

[32] Cassirer 1925, 85. 关于柏拉图与符号形式哲学之间由此形成的联系，参考本书边码 89—90 页。有关卡西尔笔下的柏拉图，参看 Rudolph 2003。

[33] Cassirer 1925, 11. 这三个阶段对应于自然哲学（由德谟克利特的结论表述）、伦理学（苏格拉底）和逻辑学（柏拉图式的辩证法）。

宏大的时刻（因为前两个阶段只是代表了一个同一立场的两个互补方面）。

（1）伊奥尼亚哲学（即阿那克西曼德和阿那克西美尼），它回答了从何而来（*woher?*）的问题，并从事物的开端（*Anfang*）来考察事物，仍然说着起源（*Ursprung*）的神话语言；但事实上通过其提问的根本形式，而不是以概念阐述的方式，他们发现了自然（*phusis*）的身份，从而实际上发现了实体或者说 *ousia* 的范畴。[34] 然而，在普遍性（对此阿那克西曼德具有代表性作用）和内在性（这就是阿那克西美尼自己的作用）这两种矛盾的要求之间，存在着一种"辩证的张力"。[35] 为了克服神话及其特定的具身性，达到一个本原的普遍性，阿那克西曼德实际上不得不付出其超越性的代价：他的本原，即无定（*apeiron*），被定位于超越世界上所有的内在规定性。矛盾的是，他因此保留了他要去克服的神话痕迹。反过来说，阿那克西美尼通过将本原恢复为内在的（这就是他在阿那克西曼德的无定之后，选择气作为本原想表达的意思），同时也牺牲了确保阿那克西曼德的本原之抽象的普遍性。此后，赫拉克利特和毕达哥拉斯的共同任务将是设想如何将本原的普遍性与它的内在性相结合。

---

[34] Cassirer 1925, 37.

[35] Cassirer 1925, 18–19.

（2）通过尺度（在毕达哥拉斯那里）与和谐（在赫拉克利特那里）的形式，正是这个函项给逻各斯赋予了第一个论题化。这种远离创世问题的运动也相当于一个去实体化的过程，因此，从实体到函项的过渡在某种意义上来说，从希腊思想的一开始就已经在发挥作用了。引导性的观念概念不再是"起源"（*Entstehung*），而是"持存"（*Bestand*）；注意力不再指向质料（*Stoff*），而是指向结构（在赫拉克利特的案例中被设想为"对立面的张力"，*Spannung der Gegensätze*）、[36] 控制发展进程的方式以及形式（卡西尔本人也讨论作为"关系概念"的逻各斯，*Verhältnisbegriff*）。[37] 赫拉克利特-毕达哥拉斯给予这个辩证法的二元性，在另一个层面上可以类比于阿那克西曼德-阿那克西美尼的一对术语（无定/气）。赫拉克利特当然是通过一种形式来思考的，但其思考方式是普遍的、直观的、想象的；而对毕达哥拉斯学派的数来说则是具体的、科学的、抽象的，它为实验性知识开启了可能性，而赫拉克利特强大而普遍的洞察力却不能给这种知识赋权。毕达哥拉斯是科学之人，是理论之人，这与古老的传统相契合。[38] "真"这个范畴正是在他那里开始出现的，哪怕只是作为"事物之所是

---

[36] Cassirer 1925, 12.

[37] Cassirer 1925, 23, 还有"波的凹凸"（Wellenberge/täler）与"波的形态"（die Form der Welle）的对立关系。

[38] Cassirer 1925, 26. Cf. above, chap. 1, p. 10.

与数之间的中介概念"。[39] 将真锚定在逻各斯之中,从而在恰当的意义上发现逻各斯,这个任务是留待爱利亚学派的。

(3)爱利亚学派(克塞诺芬尼和巴门尼德)。克塞诺芬尼形成了早期思想家群体与巴门尼德之间的一种过渡,因为他的问题"不直接关涉自然",而是所是(being);然而不是相关一般的"是",而是涉及神性的"是"。[40] 同样,这也导致了巴门尼德的"泛理论"(*Panlogismus*)。[41] 因为巴门尼德在他诗篇的第一部分着手摧毁作为自然哲学基础的范畴,确认所是者对自身的同一性原则,这就形成了同一性逻辑的诞生日期(A=A)。[42] 诗篇的第二部分声称要发展一种"自然哲学",但并没有比诗篇第一部分所做的更多。它针对的不是客体,即使这在当下是"自然的",而是针对这个根本的自然哲学本身产生错误的可能性条件,因而与第一部分发展的原则完全一致。所以,人们不应该把它阐释为"一个自然(*phusis*)的学说,而是一个自然哲学的学说"[43]。如果引导性的概念仍然是真,那么后者就不再是量化的、客观的(尽管是纯形式的)回应对象,就像毕达哥拉斯那里一样;问题不再

---

[39] Cassirer 1925, 28.

[40] Cassirer 1925, 37.

[41] Cassirer 1925, 37.

[42] 参考 Parmenides, Fr. 8.29–30 = PARM. D8 34–35 LM。

[43] Cassirer 1925, 45. 这是卡西尔给出的答案,回答他自己认为的"整个哲学史上最困难的问题之一"。

是知道"多少"的问题，而是"是否（是这样）"的问题，[44] 就是探究的可能性和这个后者必须遵循的路径（hodos）问题。因此，巴门尼德被定义为"第一个方法论者"（der erste Methodiker）。为了全然就是逻辑的本体论而拒绝自然哲学，巴门尼德声称，这个拒绝正是因为拥有第一个正面的对应物。这就是思想与所是之间的关联，卡西尔不仅将巴门尼德本人，而且将希腊哲学的整个初始阶段置于其荫庇之下。因为前阿提卡哲学（也即，语义学之先的）的一个普遍特征就是，同时通过同一个运动去发现这个世界，以及把握这个世界的这个思想。[45] 正是这种对应的时刻，隐含在他的前辈们的方法中，就像隐含在他的后辈们的方法中一样，巴门尼德在肯定思想和所是之间的相互支持（如果不是同一性的话）时，明确地指出了这一点。[46] 巴门尼德之前和之后的自然哲学家与他们最激进的批评家之间的这种深刻的一致，虽然乍一看是矛盾的，但通过可以合法地被描述为历史上的"理性的诡计"的东西，表现得更加清楚。通过摧毁早期的自然哲学，巴门尼德客观上为新的自然哲学——继"实体主义者"（伊奥尼亚学派）和 "结构主义者"（赫拉克利特 / 毕达哥拉斯）之后的第三

---

[44]　"不是多少，而是是否。"（"Nicht wieviel, sondern ob."）Cassirer 1925, 39.

[45]　这个主题对于卡西尔和伽达默尔是共同的，只不过前者是区分和说明，而后者是吸收同化。

[46]　Parmenides Fr. 28B3 DK = D6.8 LM.

种自然哲学奠定了基础。[47] 这将是后巴门尼德学派的年轻的自然哲学（the Jüngere Naturphilosophie）的更新，在卡西尔看来，这也是第一种正确意义上的自然哲学，与其名称相称，因为它建立在"根据"（Grund）范畴或**理性原则**之上。

（4）逻各斯的自我发现在前阿提卡哲学的最后一个阶段，在于以理性原则为形式，将"根据"主题化，一方面被理解为前两个阶段（都是客观的，围绕着现实的）之间的调和，另一方面是向前发展的第三个阶段（逻辑的，围绕真），这也就是为什么四分法实际上代表着三分法。在巴门尼德摧毁自然哲学之后，这就成为一个重新发现"生理学"的问题，在严格的意义上被理解为"在**逻各斯**和**自然**之间的一种和谐的思想"[48]。这种建构依赖于将亚里士多德对留基波的解释延伸到阿那克萨戈拉和恩培多克勒身上，并尝试将巴门尼德的本体论与感官现实调和起来，[49] 其目的是"拯救表象世界"[50]。卡西尔将其分析定位在认识论层面，

---

[47]　"然而它是爱利亚学派的思想中最重要的成就，也是真正具有决定性的成就，不仅在于它辩证地摧毁了科学的基本概念，而且恰恰是在这种摧毁中，它为这些概念的新的逻辑确定性创造了前提条件。" Cassirer 1925, 50.

[48]　Cassirer 1925, 50. 有一个问题是，人们是否可以将这种生理学定性为"传统的"，就像卡西尔所做的那样。**逻各斯**和**自然**之间的和谐观念本身就是巴门尼德创造的情势的结果。这个问题实际上是显性与隐性之间的距离问题。

[49]　*Generation and Corruption* 1.8 324b35–325a28.

[50]　Cassirer 1925, 59.

然后提出，这三位思想家之间存在着理性与感官之间的协作。[51] 这种观点当然可以部分地由卡西尔的关注来说明，因为他把与巴门尼德同等的反思水平也赋予阿那克萨戈拉和恩培多克勒。[52] 更深刻的是，人们还可以看到他的一个结论，他将语义学转向纳入对柏拉图的解释之中，前阿提卡哲学也已经开始以这种方式实施真与逻辑之间的调和，而这本来是新康德主义者主张柏拉图思想所特有的雄心。

卡西尔在阐述根据范畴的时候区分了三个阶段，分别以恩培多克勒、阿那克萨戈拉和留基波为代表。在关于这个发展阶段的结论中，爱利亚学派的分析逻辑只知道同一的统一性，从而被原子论者的归因学说（或者说寻找原因，*aitiologia*）的合成逻辑取代，因为他们提出了差异的统一性。与巴门尼德相对立，根据与被建立的东西（*Grund/Gegründete*）之间的分离被具体化为一系列创新，所有这些创新都朝着一种高阶知识理论的方向发展。一个新的现象概念（在"什么显现"的意义上，*Erscheinung*）使得有可能结束在对原则的两种解释之间（作为根据，*Grund*，和作

---

[51] Cassirer 1925, 56.

[52] 这里与黑格尔进行比较会很有启发意义。对黑格尔来说，阿那克萨戈拉代表了希腊哲学内部的有效进步，无论它多么薄弱，因为"理智 [*Verstand*] 被认知为本原"（Hegel 1995, 319）。相比之下，恩培多克勒就被黑格尔认为是无趣的，"无法对他的哲学做太多的评价"（ibid., 313）。

为开端，*Anfang*）的"伊奥尼亚式"的摇摆；在两个反思层次上的区分，有可能解决本原带有的内在性或非内在性的问题。以分析的需求（*Forderung der Analyse*）取代"自然的教导"（*Anschauung der Natur*），为向元素的还原开辟了道路。在留基波那里，还原采取了原子式的元素 (*stoikheia*) 的经典形式；在阿那克萨戈拉那里，还原采取了"种子"（*spermata*）的形式，在恩培多克勒那里，还原采取了"根"（*rhizômata*）的形式。

在上述三种情况下，理性本原的运作都以特定的形式呈现出来，不管涉及的是元素的性质还是假定元素之间应该存在的关系。在理性本原的视角下，从恩培多克勒到留基波，在元素到底何所是的具体规定性与属于元素的功能之间，两者的调适逐渐增长。恩培多克勒的元素不过是感官数据的简单本质，与之相比，阿那克萨戈拉的学说标志着一种进步，他提出的取而代之的元素代表了比恩培多克勒更高的抽象程度，阿那克萨戈拉用以实在化的是感官的品质（*Qualität*），而不是像在恩培多克勒那里，只是一种简单的物质（*Stoffe*）。留基波自然代表了元素的这种功能化的第三个时刻，这相当于抽象的提升，[53] 因为原子的特点正是**没有质量**。元素被"等同于"根据本原（Grund），[54] 其认识论的后

---

[53]　Cassirer 1925, 63.

[54]　Cassirer 1925, 63.

果是区分两种知识模式，即理性的（德谟克利特将其称为"真正的"）和感觉的（"模糊的"）。[55]

卡西尔精彩阐述的特点就是频繁地诉诸目的论公式，最常见的是通过"尚未"（noch nicht）、"已经"（schon）和"只是"（nur）这样的表达方式来暗示，但有时也会明确地做出断定，例如关于伊奥尼亚思想家对产生实体概念的贡献。"但是，无须多虑的是，**实体范畴**在亚里士多德那里获得的概念规定性和术语固化，在这里还没有得到，而只是还在寻求。它与其说形成了伊奥尼亚自然哲学的起点，不如说是它的目标。"[56] 在它成为黑格尔式的解释之前，这个方案显然就是亚里士多德式的，就此而论，由第一代哲学家提出的思维模式的**目的**不是四因说，而是构成理性本原的范畴。渐次而来直至今天，现代物理学则化身为开普勒、伽桑狄和赫尔姆霍兹的名字。[57] 从这个角度来看，可以理解的是，构建卡西尔论述的决定性转折点是毕达哥拉斯、原子论者和柏拉图（伟大的古代科学知识哲学家），而且卡西尔从一开始就坚持认为，经验知识的方法和实验科学与知识引导概念的主题化是同时出现的。[58]

---

[55] Democritus Fr. 68B11 DK = D20 LM.

[56] Cassirer 1925, 17.

[57] Cassirer 1925, 8, 9, 10.

[58] Cassirer 1925, 8. 关于这一点，参看 Cassirer 1932。根据这一信念，哲学史与科学史是不可分割的，这也是康德遗产的一部分。

卡西尔叙事的第二个特点是，他使用了一种"反思性方案"，将哲学立场的关联事物与视角的变化联系在一起，凭借这种变化，出现了从隐性到显性或从影像到概念的转化。反复出现的他对"回应"和"问题形式"的区分，正是指的这种层次变化；或者同样地，"学说内容"（*Inhalt der Lehre*）和"方法的基本形式"（*Grundform der Betrachtung*）[59]之间的区分也是指的这种层次变化。这就使得有可能在每一种被考察的立场中，确定一种需要调节的不平衡，就如同它是历史发展的马达一样。

毫无疑问，这两个特点——科学思想范畴的历史演绎和反思性方案——的结合，将卡西尔的叙述带进了与黑格尔的相似性当中。这有点自相矛盾。当然，卡西尔总是为黑格尔的历史编纂方案辩护，以对抗实证主义历史学家的批评，在古代哲学方面，则是针对黑格尔的弟子策勒的批评。因此，在他《知识问题》的导言中（所以在1906年就已经是这样），卡西尔强调，沿着黑格尔路线构思的历史必须被赋予深刻的"观念论的动机"，这种动机比以往任何时候都更有意义，超越了它在黑格尔本人身上引起的所有"形而上学的反常"。[60]历史学家能够建立的并不是策勒希

---

[59] Cassirer 1925, 16, 20, 以及相关的10页。

[60] Cassirer 1906, 18. 卡西尔在1925年12月针对策勒和约尔（Joël）提出批评，为系统地抛开传记和背景资料，主张哲学的哲学化历史的观念进行辩护，而不管这些资料可能被赋予怎样的魅力和兴趣。

望的事实，而只是一种知识的假说。[61] 但是，正因为如此，黑格尔会受到在观念论中"误入歧途"的批驳，正如策勒因为屈服于历史主义的海市蜃楼而招致反对。决定性的一点是，黑格尔设定了一个绝对主体——精神，以之作为历史的根据和结论。尽管卡西尔用逻各斯的自我发现替代了精神自我发现的公式，对黑格尔的批评与其说是针对精神，还不如说是对绝对观念的批评，因为卡西尔很容易就将精神拿过来挪作己用。黑格尔之所以会受到批评，并不是他在叙述的基础上摆出了一个"主体"，因为"历史发展中的每一个系列都需要一个主体"。[62] 其实就他而论，这也不过是知识假说的一个部分而已，问题仅仅只是，这个主体不是一个绝对的主体。逻各斯的自我发现无非是将思想从外在的决定中解脱出来，这样一种解放的历史将在符号形式哲学和更一般的文化哲学中占有一席之地，因为文化就是被设想为"人的逐步自我解放的过程"，而这个过程的指导者无非是人本身及其理想化的能力。[63]

从这一点来看，哲学诞生的时刻是有其特权的。比起后来哲学思考已经形成，并欢迎外部强加给它的问题，实际上古代思想创造了自己的内容，这是因为早期在客观的"自然"与精神或形

---

[61] Cassirer (1906) 1922, 19.

[62] Cassirer (1906) 1922, 18.

[63] Cassirer 1944, 228.

而上学的世界之间不加区分。这就是"哲学的自我决定"（*Selbstbestimmung der Philosophie*）的时刻[64]，它具体化在巴门尼德的思想与是（*Denken/Sein*）的关联之中，表达了世界的发现与思想的发现相互纠缠的方式（卡西尔讲的"双重关系"，*Doppelverhältnis*）[65]。这也就是第一代哲学家的具体特征被如何解释的问题[66]。

卡西尔与黑格尔是否如他所暗示的那样不同呢？[67] 毕竟，对卡西尔来说，重要的是表明科学知识的概念装置是如何在以进步为标志的知识发展过程中出现的，系统所显现出来的次序，至少倾向于符合智识规定性的更迭，而历史的进步与有序的概念系列的产生也要相吻合。因此，在卡西尔那里，历史与逻辑之间存在着不亚于黑格尔那里的同构性。卡西尔之所以逃离黑格尔主义，并不是因为智识规定性的性质和更迭不同于黑格尔提出来的。而是说，正如卡西尔自己教导我们的那样，在哲学史上，如同哲学本身一样，必须区分问题的形式和所给答案的特殊性，并更一般地区分形式和内容。

形式和概念之间的区别依旧如故，与之相联系的反思性方案对于理解前苏格拉底哲学的性质及其更迭变化的动力也是极为有用

---

[64] Cassirer 1925, 38.

[65] Cassirer 1925, 40.

[66] Cassirer 1925, 8-9.

[67] 有关卡西尔和黑格尔的关系问题，参看 Ferrari 1990, 168–169。

的。如果说逻各斯发现了自身,就等于承认它已经存在了。但它并不是以单独的形式存在,相反,使它与众不同的是某种内在性,并同时产生了它的力量和魅力。卡西尔在《逻各斯、正义、宇宙》(1941)一文中重建了古希腊人在理性、正义、宇宙这三个概念中所创造的"牢不可破的系统性统一"。他指出,"一种特殊的、不断更新的吸引力"通过对哲学开端的探索呈现在哲学史家面前,此时,在"哲学自身的概念作为其更精确的规定性概念"缺席的情况下,他必须"深入这种内在的发展中去",或者再次"在形成过程中(in statu nascendi)中把握它们"。[68] 1925年的章节通过正确地运用形式和内容的区别,更确切地解释了这种孕育状态:"希腊哲学的不朽价值和无可比拟的吸引力,至少是基于这样一个事实,即在这里,思想的**形式**不是把**内容**当作仅仅是外在的东西来把握,而是形式在构造内容的行动中,在这种构造中也首先发现了内容。"[69] 这里所涉及的是一般的希腊哲学,而不是具体的希腊哲学的开端,这只是表明,在一个以形式在内容中的内在性为全部标志的历史中,存在着程度的差异。由此来看,开端的历史是最有趣的历史,因为形式与内容之间缺乏差异性,这注定成为相对的,然后也是最伟大的。正如卡西尔在其论述的开头所写的

---

[68] Cassirer 1941, 4.

[69] Cassirer 1925, 7.

那样,"希腊哲学的第一个世纪在一定程度上可以被定性为思维行动自身的第一次表现;作为一种思想,在其纯粹的运动中为自己赋予内容和稳固的构造"[70]。

一般而言,卡西尔的宏大历史叙事(不谈他在符号形式理论的更高层次上使用的,是具有神话、语言和知识的有序三联体的叙事)建立在形象和概念这两个时刻之间的初始不平衡之上,这两个时刻总是朝着同一个方向发展,但却从来没有能够重合。[71]哈贝马斯曾对这种不平衡做过一种静态的解释,他谈到存在于卡西尔那里的"张力",这个张力居于"具有同样原创性的不同符号世界的等价性"和"驻留在文化发展中的朝向解放之倾向的痕迹"之间,或者再抽象一点,存在于"表达"(Ausdruck)和"意义"(Bedeutung)之间。[72]这样的一种张力需要一种解决或克服,对此,哈贝马斯发现其实现条件是,对语言功能进行一种系统化的重新定位。与其像卡西尔那样赋予它一种从属的功能(介于神话

---

[70] Cassirer 1925, 8. "纯粹"并不是说运动没有历史性,而是说思想的规定性是为自身考虑的,是独立的。

[71] 卡西尔在《自由与形式》(*Freiheit und Form*, Cassirer 1917)中对开普勒/莱布尼茨关系的分析,很好地说明了在现代序列中,形象与概念之间的这种辩证关系。他的雄心是要说明,对于欧洲历史尤其是德国来说,哲学有其普遍价值,以至于通过其连续的形式提供了自由进步的证据。Recki(1997, 62)坚持这部写于第一次世界大战中期的著作的政治维度,卡西尔将自己定位于反对"深刻的德国文化与肤浅的西方文明之间的两极分化……从精神史的角度展示文艺复兴以来德国、意大利和法国思想的连续性"。

[72] Habermas 1997, 94 and 95.

和知识之间），不如干脆就承认，在事实上和卡西尔本人身上，都要归属到语言功能的指导地位。在哲学历史编纂的视野中，这种不平衡仍然是卓有成效的，一般而言，就哲学开端而论，情况也许更是如此。根本的要点是，来自分析的动力拒绝概念与形象的分离，相反，将它们的命运辩证联系起来的是非线性的原则。如果说确实出现了进步，也绝不只是凭借纯粹的概念；形象不仅构成了概念从之而来又复返而归的不可避免的一步，成为对概念加以解释的时机，而且因为概念本身就其所有规定性而言，反过来也不过是一个新的形象，本身就注定要被克服。在我看来，这两个层次似乎限定了一个解释学的领域，以对合适的哲学文本进行阐释；结合韦伯的"理念"和"世界图景"，这种区别可能又为希腊哲学的开端历史开辟了道路，这种历史将比卡西尔提出的历史更加充实，但同时也将从他的视角获取灵感。但这将是另一种研究的对象，这种研究将不是把"前苏格拉底哲学家"作为一种指称，而是为了这些思想家自身。

参考文献

1. 现代著作与研究

Assmann, A. 1989. "Jaspers' Achsenzeit, oder Schwierigkeiten mit der Zentralperspektive in der Geschichte." In *Karl Jaspers: Denken zwischen Wissenschaft, Politik und Philosophie*, edited by D. Harth, 187–205. Stuttgart.

Babut, D. (1977) 1994. "L'idée de progrès et la relativité du savoir humain chez Xénophane." *Revue de Philologie* 51: 217–228. Reprinted with the same pagination in D. Babut, *Parerga*. Lyon.

——. 1978. "Anaxagore jugé par Socrate et Platon." *Revue des études grecques* 91: 44–76.

Baur, F. Chr. 1876. *Drei Abhandlungen zur Geschichte der alten Philosophie und ihres Verhältnisses zum Christentum*. Leipzig.

Bernal, M. 1987. *The Fabrication of Ancient Greece*. Vol. 1 of *Black Athena: The Afroasiatic Roots of Classical Civilization*. London.

——. 1991. *The Archeological and Documentary Evidence*. Vol. 2 of *Black Athena: The Afroasiatic Roots of Classical Civilization*. London.

Betegh, G. 2004. *The Derveni Papyrus / Cosmology, Theology and Interpretation*. Cambridge.

——. 2013. "Socrate et Archélaos dans les *Nuées*. Philosophie naturelle et éthique." In *Comédie et Philosophie. Socrate et les 'Présocratiques' dans les*

Nuées d'Aristophane, edited by A. Laks and R. Saetta-Cottone, 87–106. Paris.

Blackwell, C. 1997. "*Thales Philosophus*. The Beginning of Philosophy as a Discipline." In *History and the Disciplines: The Reclassification of Knowledge in Early Modern Europe*, edited by D. R. Kelley, 61–82. Rochester.

Bloom, H. 1987. *The Strong Light of the Canonical. Kafka, Freud and Scholem as Revisionists of Jewish Culture and Thought*. New York.

Blumenberg, H. (1966) 1983. *Die Legitimität der Neuzeit*. Frankfurt am Main. Translated by Robert M. Wallace as *The Legitimacy of the Modern Age*. Cambridge, MA.

Bollack, J. (1985) 2016. "Le modèle scientiste: Empédocle chez Freud." In *La Grèce de personne*, 107–114. Paris. Translated by Catherine Porter and Susan Tarrow, with Bruce King as "The Scientistic Model: Freud and Empedocles." In *The Art of Reading: From Homer to Paul Celan*, edited by Christoph Koenig, Leonard Muellner, Gregory Nagy, and Sheldon Pollock, 249–256. Washington, DC.

Borsche, T. 1985. "Nietzsches Erfindung der Vorsokratiker." In *Nietzsche und die philosophische Tradition*, edited by J. Simon, 62–87. Würzburg.

Buisine, A. 2002. *Les Sept Sages de la Grèce antique*. Paris.

Burckhardt, J. 1868. *Geschichte der Renaissance in Italien*. Stuttgart.

——. (1898/1902) 1977. *Griechische Kulturgeschichte*. 4 vols. Reprint, Munich.

Burkert, W. 1960. "Plato oder Pythagoras. Zum Ursprung des Wortes Philosophie." *Hermes* 88: 159–177.

——. (1962) 1972. *Lore and Science in Ancient Pythagoreanism*. Cambridge, MA.

——. 1970. "La genèse des choses et des mots. Le papyrus de Derveni entre Anaxagore et Cratyle." In *Les Études philosophiques* 25: 443–455.

——. 1979. "Mythisches Denken. Versuch einer Definition anhand des griechischen Befundes." In *Philosophie und Mythos. Ein Kolloquium*, edited by H. Poser, 16–39. Berlin.

———. 1992. *The Orientalizing Revolution: Near Eastern Influence on Greek Culture in the Early Archaic Age*. Cambridge, MA.

———. (1994–1995) 2003. "Orientalische und Griechische Weltmodelle von Assur bis Anaximandros." *Wiener Studien* 107/108: 179–186. Reprinted in W. Burkert, *Kleine Schriften*, vol. 2, *Orientalia*, edited by L. Gemelli Marciano, 223–229. Göttingen.

———. 2004. *Babylon, Memphis, Persepolis: Eastern Contexts of Greek Culture*. Cambridge, MA.

Burnet, J. 1892. *Early Greek Philosophy*. London.

———. 1914. *Greek Philosophy: Thales to Plato*. London.

Burnyeat, M. 1998. "*Dissoi Logoi*." In *The Routledge Encyclopedia of Philosophy*, edited by E. Craig, vol. 3, 106–107. London.

Buxton, R., ed. 1999. *From Myth to Reason? Studies in the Development of Greek Thought*. Oxford.

Calame, C. (1991) 2008. "'Mythe' et 'rite' en Grèce: des catégories indigènes?" *Kernos* 4:179–204. Reprinted in C. Calame, *Sentiers transverseaux*, 43–62. Grenoble.

Cambiano, G. 1988. *Il ritorno degli Antichi*. Rome.

Canfora, L. 1992. "Clemente di Alessandria e Diogene Laerzio." In *Storia poesia e pensiero nel mondo antico. Studi in onore di Marcello Gigante*, 79–81. Naples.

Cassirer, E. (1906) 1922. *Das Erkenntnisproblem in der Philosophie und Wissenschaft der neueren Zeit*. Vol.1. Berlin.

———. 1910. *Substanzbegriff und Funktionsbegriff: Untersuchungen über die Grundfragen der Erkenntniskritik*. Berlin.

———. 1917. *Freiheit und Form. Studien zur deutschen Geistesgeschichte*. Berlin.

———. (1922) 1969. "Die Begriffsform im mythischen Denken." In *Wesen und Wirkung des Symbolbegriffs*, 1–70. Darmstadt.

———. 1925. "Die Philosophie der Griechen von den Anfängen bis Platon." In *Lehrbuch der Philosophie*, vol. 1, *Die Geschichte der Philosophie*, edited by Max Dessoir, 7–139. Berlin.

———. 1932. "Die Entstehung der exakten Wissenschaften." *Die Antike* 8: 276–300.

———. (1935) 1979. "The Concept of Philosophy as a Philosophical Problem." In *Symbol, Myth, and Culture: Essays and Lectures of Ernst Cassirer 1935–1945*, edited by D. P. Verene, 49–63. New Haven, CT.

———. 1941. "*Logos, Dike, Kosmos*." *Acta Universitatis Gotoburgensis* 47 (6): 3–31.

———. 1944. *An Essay on Man. An Introduction to a Philosophy of Human Culture*. New Haven, CT.

———. 1946. *The Myth of the State*. New Haven, CT.

———. 1995–2014. *Nachgelassene Manuskripte und Texte*. 18 vols. Edited by K.C. Köhnke, J.-M. Krois, and O. Schwemmer. Hamburg.

Cherniss, H. (1935) 1964. *Aristotle's Criticism of Presocratic Philosophy*. Baltimore. Reprint, New York.

Cornford, F. M. 1912. *From Religion to Philosophy: A Study in the Origins of Western Speculation*. London.

———. 1952. *Principium sapientiæ. The Origins of Greek Philosophical thought*. Cambridge.

Courtine, J.-F. 1999. "The Destruction of Logic: From Logos to Language." In *The Presocratics after Heidegger*, edited by D. C. Jacobs, 25–53. New York.

Detienne, M. (1981) 1986. *L'Invention de la mythologie*. Paris. Translated as

The Creation of Mythology by Margaret Cook. Chicago. Citations refer to the translation.

Detienne, M., and Vernant, J.-P. (1974) 1991. *Les Ruses de l'intelligence. La Metis des Grecs*. Paris. Translated as *Cunning Intelligence in Greek Culture and Society* by Janet Lloyd. Chicago.

Diels, H. (1881) 1969. "Über Leukipp und Demokrit." In H. Diels, *Kleine Schriften zur Geschichte der antiken Philosophie*, edited by W. Burkert, 85–198. Darmstadt.

———. 1903. *Die Fragmente der Vorsokratiker*. Berlin.

Diels, H., and W. Kranz. 1951–1952. *Die Fragmente der Vorsokratiker*. 6th ed. revised by W. Kranz. Berlin.

Diller, H. (1946) 1966. "Hesiod und die Anfänge der giechischen Philosophie." *Antike und Abendland* 2: 140–151. Reprinted in *Hesiod*, edited by E. Heitsch, 688–707. Wege der Forschung 44. Darmstadt.

Donato, R. di. 1983. Postface to L. Gernet, *Les Grecs sans miracle, Textes 1903–1960*, 493–420. Paris.

Eberhard, J. A. (1788) 1796. *Allgemeine Geschichte der Philosophie*. Halle.

Elkana, Y. 1986. "Second-Order thinking in Classical Greece." In *Origins and Diversity of Axial Age Civilizations*, edited by S. N. Eisenstadt, 40–64. New York.

Ernesti, J. A. (1754) 1995. "*De philosophia populari.*" French translation by R. Mortier. In *Popularité de la philosophie*, edited by Ph. Beck and D. Thouard, 371–379. Fontenay/Saint-Cloud. Fascher, E. 1959. *Sokrates und Christus*. Leipzig.

Fazzo, S. 2009. "Diogene di Apollonia e le Nuvole di Aristofane: nota in-torno alle origini di un problema storiografico." *Aevum Antiquum* 8: 161–168.

Ferrari, M. 1990. "La genèse de *Das Erkenntnisproblem*: le lien entre systématique et histoire de la philosophie." In *Ernst Cassirer. De Marbourg à New York*, edited by J. Seidengart, 97–114. Paris.

Fränkel, H. 1975. *Early Greek Poetry and Philosophy*. Oxford.

Frede, M. 2004."Aristotle's Account of the Origins of Philosophy."*Rhizai* 1: 9–44.

Freud, S. (1937) 1964. "Analysis Terminable and Interminable." In *The Standard Edition of the Complete Psychological Works of Sigmund Freud*, vol. 23, *1937–1939*, 216–225. Translated from the German under the General Editorship of James Strachey. London.

Gadamer, H.-G. 1985. *Gesammelte Werke*. Vol. 5, *Griechische Philosophie, I*. Tübingen.

——.1985. *Gesammelte Werke*. Vol. 6, *Griechische Philosophie, II*. Tübingen.

——.1991. *Gesammelte Werke*. Vol. 7, *Griechische Philosophie, III*. Tübingen.

——. (1996) 2001. *Der Anfang der Philosophie*. Stuttgart. Translated as *The Beginning of Philosophy* by Rod Coltman. New York.

Gernet, L. (1945) 1968. *Les origines de la philosophie*. Plaquette. Rabat. Reprinted in *Anthropologie de la Grèce antique*, 415–430. Paris.

——. (1956) 1968. "Choses visibles et choses invisibles." *Revue Philosophique de la France et de l'Étranger* 146: 79–86. Reprinted in *An-thropologie de la Grèce antique*, 405–414. Paris.

——. 1968. *Anthropologie de la Grèce antique*. Paris.

——. (1945) 1983. Review of *Essai sur la formation de la pensée grecque*, by P. M. Schuhl, *Bulletin de l'enseignement public au Maroc* 183: 1–12. Reprinted in *Les Grecs sans miracle, Textes 1903–1960*, 212–222. Paris.

——. 1983. *Les Grecs sans miracle, Textes 1903–1960*. Paris. Gigon, O. 1945. *Der Ursprung der griechischen Philosophie*. Basel.

Gorman, V. B. 2001. *Miletos, The Ornament of Ionia: A History of the City to 400 B.C.E.* Ann Arbor.

Gottschalk, H. B. 1980. *Heraclides of Pontus*. Oxford.

Habermas, J. (1981) 1987. *Theorie des kommunikativen Handelns*. Frankfurt am Main. Translated as *The Theory of Communicative Action* by T. McCarthy. 2 vols. Boston.

———. 1997. "Die befreiende Kraft der symbolischen Formgebung." In *Ernst Cassirers Werk und Wirkung. Kultur und Philosophie*, edited by D. Frede and B. Recki, 79–104. Darmstadt.

Hadot, I. 1987. "La vie et l'œuvre de Simplicius d'après des sources grecques et arabes." In *Simplicius, Sa vie, son œuvre, sa survie*, edited by I. Hadot, 3–39. Berlin.

Havelock, E. A. 1996. *Alle origini della filosofia greca: una revisione storica*. Edited by Th. Cole, translated by Liana Lomiento. Rome.

Hegel, G. W. F. 1995. *Lectures on the History of Philosophy*. 3 vols. Translated by E. S. Haldane and F. H. Simson, with introduction by F. C. Beiser. Lincoln. (This translation first published 1892–1896 is of the second edition of Hegel's *Vorlesungen über die Geschichte der Philosophie*, in 3 vols. , edited by Karl Ludwig Michelet. Berlin, 1840–1844.)

Heidegger, M. 1979. *Heraklit* (= *Gesamtausgabe* 55). Frankfurt am Main.

———. 1982. *Parmenides* (= *Gesamtausgabe* 54). Frankfurt am Main.

Heuss, A. 1946. "Die archaïsche Zeit Griechenlands als geschichtliche Epoche." *Antike und Abendland* 2: 26–62.

Hölscher, U. 1968. *Anfängliches Fragen. Studien zur frühen griechischen Philosophie*. Göttingen.

Hoffmann, E. 1947. *Die Sprache und die archaïsche Logik*. Tübingen.

Humphreys, S. C. 1978. "The Work of Louis Gernet." In *Anthropology and the Greeks*, 76–106. London.

———. (1986) 2004. "Dynamics of the Greek 'Breakthrough': The Dialogue between Philosophy and Religion." In *The Strangeness of Gods: Historical Perspectives on the Interpretation of Athenian Religion*, 51–76. Oxford.

———. 1996. "From Riddle to Rigour. Satisfactions of Scientific Prose in Ancient Greece." In *Proof and Persuasion: Essays on Authority, Objectivity and Evidence*, edited by S. Marchand and E. Lunbeck, 3–24. Turnhout.

Idel, M. 2001. "On Binary 'Beginnings' in Kabbalah-Scholarship." In *His-toricization/Historisierung*, edited by G.W. Most, 313–337. Göttingen.

Janz, C. P. 1974. "Friedrich Nietzsches *akademische* Lehrtätigkeit in Basel 1869–1879." *Nietzsche Studien* 3: 192–203.

Jaspers, K. (1949) 1953. *Vom Ursprung und Ziel der Geschichte*. Munich. Translated as *The Origin and Goal of History* by M. Bullock. London.

Jouan, F., and H. Van Looy. 2002. *Euripide, Tragédies. Fragments: De Aigeus à Autolykos*. Paris.

Jouanna, J., ed. 1990. *Hippocrate, L'Ancienne Médecine*. Paris.

Kahn, C. (1960) 1994. *Anaximander and the Origins of Greek Cosmology*. Cambridge, MA.

Kambitsis, J. 1972. *L'Antiope d'Euripide*. Athens.

Karsten, S. 1830, 1835, 1838. *The Remains of the Works of the Ancient Greek Philosophers, Especially of those Who Flourished before Plato (Philosophorum graecorum veterum praesertim qui ante Platonem floruerunt operum reliquiae)*. Part 1: *Xenophanes* (1830), Brussel; Part 2: *Parmenides* (1835), Amsterdam; Part 3: *Empedocles* (1838), Amsterdam. Kerferd, G. (1981) 1999. *The Sophistic Movement*. Cambridge.

Kingsley, P. 1992. "Ezechiel by the Grand Canal: Between Jewish and Babylonian Tradition." *Journal of the Royal Asiatic Society* 3 (2): 339–346.

———. 1995. *Ancient Philosophy, Mystery and Magic. Empedocles and Pythagorean Tradition*. Oxford.

———. (1999) 2001. *In the Dark Places of Wisdom*. Inverness, CA. Reprint, London.

———. 2003. *Reality*. Inverness, CA.

Kleingünther, A. 1933. *Prôtos Heuretes. Untersuchungen zur Geschichte einer Fragestellung* (=*Philologus, Supplementband* 26:1). Leipzig.

Krois, J.-M. 1996. "A Note about Philosophy and History: The Place of Cassirer's *Erkenntnisproblem*." *Science in Context* 9: 191–194.

Krug, W. T. (1815) 1827. *Geschichte der Philosophie alter Zeit*. 2nd ed. Leipzig.

Laks, A. 1999. "Histoire critique et doxographie. Pour une histoire de l'historiographie de la philosophie." In *Etudes philosophiques*, 465–477. Revised version in Laks 2007, 13–26.

———. 2001."Ecriture, Prose, et les débuts de la philosophie ancienne."*Methodos* 1: 131–151. Revised version in Laks 2007, 167–179.

———. 2004a. "Aristote, l'allégorie et les débuts de la philosophie." In *L'Allégorie de l'Antiquité à la Renaissance*, edited by B. Pérez-Jean and P.Eichel-Lojkine, 211–220. Paris. Revised version in Laks 2007, 160–166.

———. 2004b. "Gadamer et les Présocratiques." In *Gadamer et les Grecs*, edited by J-C. Gens, P. Konto, and P. Rodrigo, 13–29. Paris.

———. 2004c. "Plato between Cohen and Natorp." In P. Natorp, *Plato's Theory of Ideas*, translated by V. Politis and J. Connolly, 453–483. Sankt Augustin.

———. 2006. "Jacob le Cynique: Philosophes et philosophie dans la *Griechische Kulturgeschichte*." In *Jacob Burckhardt und die Griechen*, edited by L. Burckhardt and H. Gercke, 325–335. Beiträge zu Jacob Burck-hardt 6. Basel.

———. 2007. *Histoire, Doxographie, Vérité. Etudes sur Aristote, Théophraste et la philosophie présocratique.* Louvain-la-Neuve.

———. (1983) 2008a. *Diogène d'Apollonie. Edition, traduction et commentaire des fragments et témoignages*. Lille/Paris. 2nd ed. Sankt-Augustin.

———. 2008b. "Le génie du rapprochement et les limites de la similitude: à propos de l'Anaximandre de Vernant." *Agenda de la pensée contemporaine* 10: 113–127.

———. 2015. "Das Proömium des Diogenes Laertios: Eine Frage der in-tellektuellen Mittelmeergeographie." In *Ein pluriverses Universum. Zivilisationen und Religionen im antiken Mittelmeerau*, edited by R. Faber & A. Lichtenberger, 241–252. Paderborn.

———. 2017. "Presocratic Ethics." In *The Cambridge Companion to Ancient Ethics*, edited by C. Bobonich, 11–29. Cambridge.

———. 2017. "Peuton *lire* de Prologue des *Vies des philosophes* illustres de Diogène Laërce?" In *For a Skeptical Peripatetic: Festschrift in Honour of John Glucker*, edited by Y. Z. Liebersohn, I. Ludlam, and A. Edelheit, 285–294. Sankt Augustin.

Laks, A., and G. W. Most. *Early Greek Philosophy*. Loeb Classical Library. 9 vols. Cambridge, MA, 2016.

Laks, A., and R. Saetta-Cottone, eds. 2013. *Comédie et Philosophie. Socrate et les 'Présocratiques' dans les* Nuées *d'Aristophane*. Paris.

Lefkowitz, M. 1996. *Not Out of Africa: How Afrocentrism Became an Excuse to Teach Myth as History*. New York.

Livingstone, A. 1986. *Mystical and Mythological Explanatory Works of Assyrian and Babylonian Scholars*. Oxford.

Lloyd, G. E. R. (1972) 1991. "The Social Background of Early Greek Philosophy and Science." In *Methods and Problems in Greek Science*, 121–140. Cambridge.

———. 1997. *Adversaries and Authorities*. Cambridge.

———. 2002. "Le pluralisme de la vie intellectuelle avant Platon." In *Qu'estce que la philosophie présocratique? / What is Presocratic Philosophy?*, edited by A.

Laks and C. Louguet, 39–54. Lille.

Long, A., ed. 1999. *The Cambridge Companion to Early Greek Philosophy*. Cambridge.

Mansfeld, J. 1979/1980. "The Chronology of Anaxagoras' Athenian Period and the Date of his Trial." *Mnemosyne* 32: 39–69 and 33: 17–95. Reprint in Mansfeld 1990, 264–306.

———. 1985. "Myth Science Philosophy, A Question of Origins." In *Hypatia. Festschrift Hazel E. Barnes*, edited by W. M. Calder III, U. K. Goldsmith, P. B. Kenevan, 45–65. Boulder, CO. Reprint in Mansfeld 1990, 1–21.

———. 1986. "Aristotle, Plato, and the Preplatonic Doxography and Chronography." In *Storiographia e dossografia nella filosofia antica*, edited by G. Cambiano, 1–59. Turin. Reprinted in Mansfeld 1990, 22–83.

———. 1990. *Studies in the Historiography of Greek Philosophy*. Assen-Maastricht.

———. 1994. "A Lost Manuscript of Empedocles' *Katharmoi*." *Mnemosyne* 47: 79–82.

Mansfeld, J., and O. Primavesi. 2011. *Die Vorsokratiker*. Stuttgart.

Martin, A., and O. Primavesi. 1999. *L'Empédocle de Strasbourg (P.Strasb.gr. Inv. 1665–1666)*. Berlin.

Martin, R. P. 1989. *The Language of Heroes: Speech and Performance in the* Iliad. Ithaca, NY.

Meier, C. (1980) 1990. *Die Entstehung des Politischen bei den Griechen*. Frankfurt am Main. Translated as *The Greek Discovery of Politics* by David McLintock. Cambridge, MA.

———. 1986. "The Emergence of an Autonomous Intelligence among the Greeks." In *The Origins and Diversity of Axial Age Civilizations*, edited by S. N. Eisenstadt, 66–91. New York.

Meyerson, I. (1948) 1987. "Discontinuités et cheminements autonomes dans l'histoire de l'esprit." In *Ecrits 1920–1983. Pour une psychologie historique*, 53–65. Paris.

Momigliano, A. 1975. *Alien Wisdom. The Limits of Hellenization*. Cambridge.

Most, G. W. 1989. "Zur Archäologie der Archaik." *Antike und Abendland* 35: 1–23.

———. 1995. "*Polemos pantôn patèr*. Die Vorsokratiker in der Forschung der zwanziger Jahre." In *Altertumswissenschaft in den 20er Jahren*, edited by H. Flashar, 87–114. Stuttgart.

———. 2002. "Heidegger's Greeks." *Arion* 10 (1): 83–98.

Mullach, F. W. A. (1860) 1867. *Fragmenta philosophorum graecorum, I: Poeseos philosophicae caeterorumque ante Socratem philosophorum quae supersunt. II: Pythagoreos, Sophistas, Cynicos et Chalcidii in Priorem Timaei platonici partem commentarios continens*. Paris.

Musil, R. (1930/1932) 1995. *The Man without Qualities*. Translated by Sophie Wilkins. New York.

Naddaf, G. 2005. *The Greek Concept of Nature*. Albany.

Nagy, G. 1979. *The Best of the Achaeans*. Baltimore.

Narcy, M. 1997. "Rendre à Socrate ... ou à Démocrite? (Aristote, *Métaphysique* M4, 1078b17–31." In *Lezione Socratiche*, edited by G. Giannantoni and M. Narcy, 81–97. Naples.

Natorp, P. 1884. *Forschungen zur Geschichte des Erkenntnisproblems im Alterthum*. Berlin.

Nestle, W. 1940. *Vom Mythos zum Logos; die Selbstentfaltung des griechischen Denkens von Homer bis auf die Sophistik und Sokrates*. Stuttgart.

Nietzsche, F. (1873) 1980. *Die Philosophie im tragischen Zeitalter der Griechen*. In Nietzsche 1980, vol. 1, 801–872.

———. (1876) 1980. *Unzeitgemässe Betrachtungen, Viertes Stück: Richard Wagner in Bayreuth*. In Nietzsche 1980, vol. 1, 429–510.

———. (1888) 1980. *Götzen-Dämmerung*. In Nietzsche 1980, vol. 6, 55–62.

———. (1889) 1980. *Ecce Homo*. In Nietzsche 1980, vol. 6, 255–315.

———. 1980. *Sämtliche Werke. Kritische Studienausgabe in 15 Bänden*. Edited by G. Colli and M. Montinari. Munich.

———. 1995. *Die Vorplatonischen Philosophen*. In *Nietzsche Werke: Kritische Gesamtausgabe*. Founded by G. Colli and M. Montinari. Vol. II/4, *Vorle-sungsauzeichnungern (WS 1871/72–WS 1874/75)*. Berlin.

———. 2006. *The Preplatonic Philosophers*. Translated by Greg Whitlock. Champaign, IL.

Nightingale, A. W. 1995. *Genres in Dialogue: Plato's Construct of Philosophy*. Cambridge.

———. 2004. *Spectacles of Truth in Classical Greek Philosophy. Theoria in Its Cultural Context*. Cambridge.

Oppermann, H. 1929. *Die Einheit der vorsophistischen Philosophie*. Bonn.

Owen, G. E. L. 1986. "Logic and Metaphysics in Some Earlier Works of Aristotle." In *Logic, Science and Dialectic: Collected Papers in Greek Philosophy*, 180–199. Ithaca, NY.

Panofsky, E. 1960. *Renaissance and Renascences in Western Art*. Stockholm.

Paquet, L., and Y. Lafrance. 1995. *Les Présocratiques (1450–1879)*. Vol. 3 (Supplément). Québec.

Piano, V. 2016. *Il papiro di Derveni tra religione e filosofia* (STCPF 18). Florence.

Pohlenz, M. 1918. "Das zwanzigste Kapitel von Hippokrates *De prisca medicina*." *Hermes* 53: 396–421.

Popper, K. (1958–1959) 1965. "Back to the Presocratics!" In *Conjectures and*

Refutations: The Growth of Scientific Knowledge, 136–153. London.

Primavesi, O. 2002. "Lecteurs antiques et byzantins d'Empédocle. De Zénon à Tzétzès." In *Qu'estce que la philosophie présocratique ? / What is Presocratic Philosophy?*, edited by A. Laks and C. Louguet, 183–204. Lille.

Ramelli, I. 2004. "Diogene Laerzio e i Cristiani: conoscenza e polemica con Taziano e con Clemente Alessandrino?" *Espacio, Tiempo y Forma*, 2nd ser., 15: 27–42.

Recki, B. 1997. "Kultur ohne Moral? Warum Ernst Cassirer trotz der Ein-sicht in den Primat der praktischen Vernunft keine Ethik schreiben konnte. " In *Ernst Cassirers Werk und Wirkung. Kultur und Philosophie*, edited by D. Frede and B. Recki, 58–78. Darmstadt.

Reinhardt, K. (1916) 1977. *Parmenides und die Geschichte der griechischen Philosophie*. Bonn. Reprint, Frankfurt am Main.

Renan, E. (1863) 1875. *Histoire des Origines du Christianisme*. Vol. 1, *La Vie de Jésus*. Paris. Translated as *The History of the Origins of Christianity*, vol. 1, *Life of Jesus* by William G. Hutchinson. London.

———. 1878 "Vingt jours en Sicile." In *Mélanges d'histoire et de voyages*, 77–118. Paris.

———. 1883. *Souvenirs d'Enfance et de Jeunesse*. Paris. Translated as *Recollections of My Youth* by C. B. Pitman and revised by Madame. New York.

Riedweg, Ch. 2002. *Pythagoras. Leben, Lehre, Nachwirkung*. Munich. Rudolph, E. 2003. "Logos oder Symbol? Cassirer über Goethes Platonismus." In *Ernst Cassirer im Kontext*, edited by E. Rudolph, 243–253. Tübingen.

Saïd, E. W. 1975. *Beginnings: Intention and Methods*. Baltimore.

Sassi, M.-M. 2007. "Ordre cosmique et *isonomia*: en repensant *Les Origines de la pensée grecque* de Jean-Pierre Vernant." *Philosophie antique* 7: 187–218.

Schiefsky, M. J. 2005. *Hippocrates 'On Ancient Medicine'. Translated with Intro-*

duction and Commentary. Leiden.

Schlechta, K., and A. Anders. 1962. *Friedrich Nietzsche. Von den verborgenen Anfängen seines Philosophierens*. Stuttgart/Bad-Canstatt.

Schleiermacher, F. W. D. (1815) 1835. "Über den Werth des Sokrates als Philosophen." In *Abhandlungen der königlichen-preussischen Akademie der Wissenschaften*, 50–68 = *Sämtliche Werke* 3. Abt., Bd. 2, 287–308. Berlin.

Schluchter, W. 1979. "The Paradox of Rationalization: On the Relation of Ethics and World." In *Max Weber's Vision of History*, edited by G. Roth and W. Schluchter, 11–64. Berkeley.

———. 1988. *Religion und Lebensführung*. 2 vols. Frankfurt am Main. Schmalzriedt, E. 1970. *Peri phuseôs. Zur Frühgeschichte der Buchtitel*. Munich.

Scholem, G. 1969. *On the Kabbalah and Its Symbolism*. New York. Schopenhauer, A. (1850) 1974. "Fragments for the History of Philosophy." In *Parerga and Paralipomena*, translated by E. F. J. Payne, vol. 1, 31–136. Oxford and New York.

Schwartz, B. 1975. "The Age of Transcendence." *Daedalus* 104: 1–7. Seaford, R. 2004. *Money and the Early Greek Mind: Homer, Philosophy, Tragedy*. Cambridge.

Spencer, H. (1862) 1908. *First Principles*. 6th ed. London.

Thraede, K. 1962. "Das Lob des Erfinders. Bemerkungen zur Analyse der Heuremata-Kataloge." *Rheinisches Museum* 105: 158–186.

Tyrell, W. B. 2012. "Biography." In *Brill's Companion to Sophocles*, edited by A. Markantonatos, 19–38. Leiden and Boston.

Vander Waerdt, P. A. 1994. "Socrates in the Clouds." In *The Socratic Movement*, edited by Paul A. Vander Waerdt, 48–86. Ithaca, NY.

Vegetti, M. 1996. "Iatromantis." In *I signori della memoria e dell'oblio*, edited by M. Bettini, 65–81. Florence.

———. 1998. "Empedocle, Medico e sofista (*Antica Medicina* 20)." In *Text and Tradition. Studies in Ancient Medicine and Its Transmission. Presented to Jutta Kollesch*, edited by K. D. Fischer, D. Nickel, and P. Potter, 289–299. Leiden.

Vernant, J.-P. (1957) 2006. "The Formation of Positivist Thought in Archaic Greece." In *Myth and thought among the Greeks*, translated by Janet Lloyd with Jeff Fort, 371–398. New York.

———. (1962) 1982. *Les Origines de la pensée Grecque*, Paris. Translated as *The Origins of Greek thought.* Ithaca, NY.

———. (1975) 1996. "Questions de méthode. Dialogue avec Maurice Caveing et Maurice Godelier." In *Entre mythe et politique*, 105–136. Paris.

———. 1995. *Passé et Présent. Contributions à une psychologie historique.* 2 vols. Edited by R. di Donato. Rome.

———. 2007. Œuvres. Religions, Rationalités, Politique. 2 vols. Paris. Weber, M. 1989. *Die Wirtschaftethik der Weltreligionen: Schriften 1915–1920.* Edited by H. Schmidt-Glintzer in collaboration with P. Kolonko. In *Max Weber Gesamtausgabe*, edited by H. Baier., M. R. Lepsius, W. J. Mommsen, W. Schluchter, and J. Winckelmann, Abteilung 1, Band 19, 31–522. Tübingen. (Partial translations: 1. *Introduction to the Economic Ethics of the World Religions*. In *The Essential Weber*, edited by Sam Whimster, 55–80. London, 2004. 2. *The Religion of China: Confucianism and Taoism.* Translated by H. H. Gerth. Glencoe, IL, 1951.)

———. 2016. *Die protestantische Ethik und der Geist des Kapitalismus.* Edited by W. Schulter and U. Bube. In Max Weber, *Gesamtausgabe*, edited by H. Baier, M. R. Lepsius, W. J. Mommsen, W. Schluchter, and J. Winckelmann, Abt. 1, Bd. 18, 101–492. Tübingen. Translated as *The Protestant Ethic and the Spirit of Capitalism* by T. Parsons. New York, 1958.

Weil, E. 1975. "What Is a Breakthrough in History?" *Daedalus* 104: 21-36.

West, M. L. (1966) 1978. *Hesiod. Theogony. Edited with Prolegomena and Commentary*. Oxford.

Wiese, H. 1963. "Heraklit bei Klemens von Alexandria." PhD diss., Kiel. Windelband, W. 1891. *Geschichte der Philosophie*. Tübingen.

Zarader, M. 1986. *Heidegger et les paroles de l'origine*. Paris.

Zeller, E. (1844/1852) 1919/1923. *Die Philosophie der Griechen in ihrer geschichtlichen Entwicklung*. Edited by W. Nestle. 3 parts in 6 vols. Leipzig.

Zhmud, L. 2006. *The Origin of the History of Science in Classical Antiquity*. Berlin.

Zhmud, L., and A. Kouprianov, A. Forthcoming. "Ancient Greek *mathêmata* from a Sociological Perspective: A Quantitative Analysis." *Isis*.

2. 古代文献翻译、汇编与参考文献

早期希腊哲学家

对前苏格拉底著述家残篇的引用,只要可能的话,本书都会同时标注下述两个版本的文献汇编,一个是 Hermann Diels 与 Walter Kranz 编, *Die Fragmente der Vorsokratiker*, 6th edition, Berlin, 1951-1952, 标识为 DK;另一个是近来由莫斯特和我编纂的,即 André Laks 与 Glenn W. Most, *Early Greek Philosophy*, Loeb Classical Library, 9 vols., Cambridge, MA, 2016, 标识为 LM。

阿波罗尼亚的第欧根尼的文献,请参看:

Diogenes of Apollonia. In A. Laks (1983) 2008a. *Diogène d'Apollonie. Edition, traduction et commentaire des fragments et témoignages*. Lille/Paris. 2nd ed. Sankt-Augustin.

其他著述家

柏拉图对话录以及亚里士多德单篇著作均不列出各自单篇题名，只列出文献总集。

Aristophanes. *Clouds*. In Aristophanes, *Clouds. Wasps. Peace*, edited and translated by J. Henderson. The Loeb Classical Library. Cambridge, MA, 1998.

Aristotle. *The Complete Works*. The revised Oxford translation. Edited by J. Barnes. Princeton, NJ, 1964.

Aristoteles. *Fragmenta selecta*. Edited by W. D. Ross. Oxford, 1955.

Cicero. *Tusculan Disputations*. With an English translation by J. E. King. The Loeb Classical Library. Cambridge, MA, 1971.

Diogenes Laertius. *Lives of Eminent Philosophers*. With an English translation by R. D. Hicks. The Loeb Classical Library. 2 vols. Cambridge, MA, 1925.

Doxographi Graeci. Edited by H. Diels. Berlin, 1876.

Epicurus. *Letter to Pythocles*. In B. Inwood and L. P. Gerson, *Hellenistic Philosophy: Introductory Readings*, 19–28. Indianapolis, 1997.

Eudemus. *Eudemos von Rhodos*. In *Die Schule des Aristoteles*, vol. 8, edited by F. Wehrli. Basel, 1969.

Eudemus of Rhodes. Edited by I. Bodnár and W. W. Fortenbaugh (RUSH XI). New Brunswick, NJ, 2002.

Euripides. *Fragments*. In *Euripides*, vol. 7 (Aegeus-Meleager), edited and translated by Ch. Collard and M. Cropp. The Loeb Classical Library. Cambridge, MA, 2008.

Heraclidus Ponticus. *Heracleides Pontikos*. In *Die Schule des Aristoteles*, vol. 7, edited by F. Wehrli. Basel, 1969.

Herodotus. *The Histories*. Translated by R. Waterfield. Oxford, 2008. Hesiod.

Theogony. Edited by M. L. West. Oxford, 1978.

Hesiod. *Theogony, Works and Days, Testimonia*. Edited and translated by G. W. Most. The Loeb Classical Library. Cambridge, MA, 2006. Hippocrates. *Ancient Medicine*. In M. J. Schiefsky, *Hippocrates "On Ancient Medicine." Translated with Introduction and Commentary*. Leiden, 2005.

——. *Fleshes*. In *Hippocrates*, vol. 8, edited and translated by P. Potter.

The Loeb Classical Libray. Cambridge, MA, 1995.

Homer. *Odyssey*. Translated by R. Lattimore. New York, 1999.

Isocrates. *Antidosis*. In *Isocrates*, vol. 2, with an English translation by G. Norlin. The Loeb Classical Library. Cambridge, MA, 1929.

Menander. *Fragmenta*. In *Poetae Comici Graeci*, vol. 6/2, edited by R. Kassel and C. Austin. Berlin, 1998.

Plato. *Complete Works*. Edited by J. M. Cooper, associate editor D. S. Hutchinson. Indianapolis, 1997.

Sextus Empiricus. *Against the Physicists*. In Sextus Empiricus, *Against the Physicists. Against the Ethicists*. With an English translation by R. G. Bury.The Loeb Classical Library. Cambridge, Mass./London 1936.

Simplicius. *Commentary on Aristotle's Physics*. In Simplicius, *In Aristotelis Physica Commentaria*, edited by H. Diels. *Commentaria in Aristotelem Graeca*, vols. 9–10. Berlin, 1882–1885.

Theophrastus. *Opinions of the Philosophers (Physikôn doxai)*. In *Doxographi Graeci*, edited by H. Diels, 473–495. Berlin, 1876.

Theophrastus. *On Sensation*. In *Doxographi Graeci*, edited by H. Diels, 497–527. Berlin, 1876.

Thucydides. *History of the Peloponesian War*. Edited and translated by M. Hammond. Oxford, 2009.

Xenophon. *Memorabilia*. In *Memorabilia. Oeconomicus*. Edited and translated by E. C. Marchant. *Symposium. Apology.* Translated by O. J. Todd, revised by J. Henderson. The Loeb Classical Library. Cambridge, MA, 2013.

索引文献

H. Bonitz. *Index Aristotelicus*. Berlin, 1870.

索 引*

Academy 学园，参看 Plato
Adorno, Th. W. 阿多诺 36
Akkadian civilization 阿卡德文明，参看 Orient（和 Greece）
Anaxagoras 阿那克萨戈拉 5-8, 14-16, 22, 29, 30, 32, 89, 第一章注释 22, 第一章注释 52
Anaximander 阿那克西曼德 5, 17, 25, 33, 35, 40, 51, 54, 60, 70, 71, 73, 74, 87, 第三章注释 22
Anaximenes 阿那克西美尼 5, 22, 33, 40, 51, 54, 70, 87, 第三章注释 22
Antiphon 安提丰 33
Archelaus 阿基劳斯 8, 17-18, 31, 77, 第三章注释 24
Aristophanes 阿里斯托芬，Clouds,《云》7, 9, 41
Aristotle 散见各处；Metaphysics《形而上学》1, 15-16, 19, 23, 73, 86; Parts of Animals《动物志》16

Astronomy 天文学, 10, 40; Babylonian, 巴比伦的 42, 44。另请参看 philosophy
axial age 轴心时代, 68

Baer, K. von 贝尔 22
Beginnings 开端, 69, 77, 84, 93-95。另请参看 origins
Blumenberg H. 布鲁门贝格, 75-76, 第二章注释 36
R. J. Boscovich 博斯科维奇 22
"breakthrough" 突破，参看 continuity/rupture
Burckhardt J. 布克哈特 62, 69, 103n22
Burnet J. 伯内特 86, 第二章注释 47

Capelle W. 卡佩勒 第二章注释 20
Cassirer, E. 卡西尔 x, 37, 76, 79, 84-95, 第五章注释 13, 第六章注释 23, 第六章注释 71

---

* 所有页码均为原书页码，即本书边码。注释注明章名和注释序号。

Cicero 西塞罗：Socratic-Ciceronian vs. Platonic-Aristotelian perspective 西塞罗－苏格拉底式的传统与柏拉图－亚里士多德式的传统（参看 Socrates）; *Tusculan Disputations*《图斯库路姆论辩集》, 9–10, 20

competition (*agôn*) 赛会, 10, 47, 62

Comte, A. 孔德, 57

Continental tradition of philosophy 欧陆传统, x, 31, 79

continuity/rupture （历史和历史编纂中的）绵延或连续／断裂, 2, 12, 13, 16–18, 31–32, 56, 59–60, 76, 79, 83; 以及 "breakthrough," 突破 68

Cornford, F. M. 康福德, 56

culture 文化, 92; views on Greek 希腊人的观点, 23–27, 44, 53–54, 62

Darwin, Ch. 达尔文, 22, 23, 27

Democritus 德谟克利特, 5, 16, 22–23, 25, 27, 33, 41, 91, 第六章注释 33 和注释 55

Derveni papyrus 德尔维尼纸草, 29, 33

Descartes, R. 笛卡尔, 51, 76

development (as a historiographical concept) （作为历史编纂概念的）发展, 20, 80, 86, 91

Diels, H. 第尔斯, 19, 21, 26, 80, 第一章注释 24, 第二章注释 12

Differentiation 差异／分化, 49, 50; between myth and reason 神话与理性之间, 36–40; between nature and politics 自然与政治之间, 58; of philosophy 哲学的, 36, 37–38; between philosophy and science 在哲学与科学之间, 40, 51

Diogenes of Apollonia 阿波罗尼亚的第欧根尼, 5, 7, 29, 32, 47, 49, 第一章注释 30

Diogenes Laertius 第欧根尼·拉尔修, 17–18

Dissoi Logoi (*Double Arguments*)《对反论辩》, 3

Eberhard, J.-A. 埃伯哈德, 1, 19–20

Egyptian civilization 埃及文化, 71, 第五章注释 26

Eleatics/Eleatism 爱利亚学派, 11–12, 20, 83–84, 88, 90

Empedocles 恩培多克勒 3, 22–25, 27, 32, 33, 35, 45, 46, 61, 89, 90, 第二章注释 20, 第六章注释 52

Enuma Elis《埃努玛·埃利什》, 54

Epicurus/Epicureans 伊壁鸠鲁／伊壁鸠鲁主义者, 33, 39, 第一章注释 61

epoch 时代, 9, 34, 74–77

Euctemon 尤克特蒙, 40–41

Eudemus 欧德谟, 第四章注释 12

Euripides 欧里庇得斯，3, 624; *Antiope*《安提俄珀》，3, 6; 不知名戏剧 (Fr. 913), 6-7

"first inventor" "第一发明人"，参看 origins

Frege, G. 弗雷格，48

Freud, S. 弗洛伊德，第二章注释 20

Gadamer, H.-G. 伽达默尔，x, 79-85

Gernet, L. 热尔内，57-58

Gorgias 高尔吉亚，*Encomium of Helen*,《海伦颂》47-48

"Greek miracle" "希腊奇迹" 54-62

Habermas, J. 哈贝马斯，79, 94

Hecataeus of Miletus 米利都的赫卡泰乌斯，63-64（误，应为 40——中译者注）

Hegel G. W. F. 黑格尔，20, 31, 48, 80-83, 86, 91-93, 第六章注释 52

Heidegger M. 海德格尔，27, 28, 30, 36, 48, 73, 80, 81, 第二章注释 30 和注释 33

Helmholtz, H. von 赫尔姆霍兹，22, 23, 27, 91

Heraclitus 赫拉克利特，22, 23, 25, 27, 29, 35, 40, 43-45, 61, 73, 80-84, 87-89, 第三章注释 43

Herodotus 希罗多德，*The Histories*《历史》, 44

Hesiod 赫西俄德，15-16, 36, 43, 49, 52, 61-62, 70, 74

Hippias of Elis 埃利斯的希庇阿斯，53

Hippocrates 希波克拉底：*On Ancient Medicine*《论古代医学》，2-3, 45-46; *On Flesh*,《血肉》6

Hippocrates of Chios 开俄斯的希波克拉底，40-41

history 历史：cyclical conception of，其周期性概念，第四章注释 2; historical dimension of Cassirer's works, 卡西尔著作的历史维度，85; historicism, 历史主义, 80, 83, 92; teleological conception of，历史的目的论概念，23, 29-31, 68, 80, 84, 91。参看 continuity/rupture

Hölderlin, F. 荷尔德林，*Letter to Böhlendorff*《致伯伦道夫的信》，24-26

Homer 荷马，4, 38, 42, 43, 62, 第一章注释 39, 第四章注释 42

Horkheimer, M. 霍克海默，36

Impiety 不虔敬，7

interpretatio aristotelica 亚里士多德主义解释学, *interpretatio hegeliana* 黑格尔主义解释学，82, 84

Jaspers, K. 雅斯贝尔斯，68

Kabbalah 卡巴拉, 70–73

Kant, I. 康德, 1, 22, 24, 69

Karsten, S. 卡尔斯滕, 21, 第一章注释 3

Kepler, J. 开普勒, 76, 91, 第六章注释 71

Kierkegaard, S. 克尔凯郭尔, 48

kosmos (world order) 世界秩序, 4, 8, 85, 93

Kranz, W. 克兰茨, 28, 第一章注释 1

Krug, W. T. 克鲁格, 19, 21

Lange, F. 朗格, 22

Laplace, P.-S. 拉普拉斯, 22, 23

Leibniz, G. W. 莱布尼茨, 51, 第六章注释 71

Lloyd, G. E. R. 劳埃德, 64–65, 79, 103, 121

logos 逻各斯: as a relational concept, 逻各斯作为关系概念, 87; self-discovery of, 逻各斯的自身发现, 86–89, 92–93。另请参看 myth

Marx, K. 马克思, 58

Meier, C. 迈尔, 59（误，应为 56, 59——中译者注）

Melisssus 麦里梭。参看 Eleatics/Eleatism

Mesopotamian civilization 美索不达米亚文明。参看 Orient（和 Greece）

meteôra (celestial phenomena) 天象, 5–6; meteorology 天象学（对天穹的研究）, 5, 9–10, 47

Meton 梅顿, 40–41

Meyerson, I. 梅尔森, 56–58

Milesians 米利都学派, 51, 53, 54, 70, 83, 第一章注释 61, 第四章注释 10

Modernity 现代性, 21, 24, 27, 85, 92, 95; Quarrel of the Ancients and the Moderns 古今之争, 60

Mullach, F. W. A. 穆拉赫, 第二章注释 12

Mutation 突变, 24, 56, 68, 77

myth 神话, 25–26, 52, 72, 73, 75–77, 87, 94; 神话 (*muthos*) vs. 理性 (*logos*), 36–40, 51, 56, 70

nature 自然: concept of, 自然的概念, 10–11, 16, 52, 74; inquiry into, 探究自然, 2, 4–5, 11, 13, 45, 74; naturalists, 自然学家（参看 *phusikoi*）; naturali-zation 自然化（参看 secularization); *On Nature* as a title, 作为著述标题的《论自然》, 12

Neokantians 新康德主义者, 85–86, 90, 第六章注释 25

Neo-Pythagoreans 新毕达哥拉斯学派, 29

Nestle W. 内斯特勒, 第二章注释 43, 第三章注释 7

Nietzsche, F. 尼采, 19, 21–31, 36, 79;

"The Tyrants of the Spirit,""精神的暴君"21, 26, 30, 83

Oenopides of Chios 开俄斯的厄诺皮德斯, 40

Orient 东方（与 Greece 希腊）, 53–54, 68

origins: vs. beginnings, "起源"与"开端"70–73; "first inventor," "第一发明人"73. 另请参看俄尔甫斯的哲学 philosophy Orphics, 15, 29

Panhellenism 泛希腊主义, 61, 第四章注释 42

Parmenides 巴门尼德, 5, 11, 12, 15–16, 24, 32, 35, 51, 73, 74, 80–83, 88–90, 93, 第三章注释 51, 第六章注释 4 和注释 14. 另请参看 Eleatics/Eleatism

Pascal, B. 帕斯卡, 51

Periodization 时代划分, 10, 21, 28–29. 另请参看 epoch

phenomenological tradition 现象学传统, x, 27, 36, 79, 83, 第六章注释 14

Pherecydes 斐瑞居德, 17, 70, 74

Philolaos 费洛劳斯, 5, 28

Philosophy 哲学: and astronomy, 哲学与天文学, 49–50, 74; barbarian origins of, 哲学的蛮族起源, 53; and curiosity, 哲学与好奇, 7, 44, 52; meaning of the word, "哲学"一词的含义, 2, 10, 41–49, 74; and medicine, 哲学与医学, 2–3, 47, 50–51; as a neologism, "哲学"作为一个新词, 77; and painting, 哲学与绘画, 46; and physiology, 哲学与生理学, 49–50; and polymathy, 哲学与博学, 44–45; as stolen from the Bible, 哲学偷自《圣经》, 71. 另请参看 differentiation; Heraclitus; Pythagoras

phusikoi (naturalists) 自然学者, 4, 6, 8, 12, 15, 16, 47, 51, 第一章注释 10

Plato 柏拉图, 1, 4, 7, 8, 9, 12–17, 19, 21, 23, 25–28, 30, 32, 34, 35, 39, 40–48, 53, 72, 73, 79, 81, 83–86, 89–91; *Apology*, 《申辩》, 7–8; *Phaedo*, 《斐多》, 6, 8, 13–14; Plato's Academy 柏拉图学园, 68, 83; Platonism 柏拉图主义, 34, 第一章注释 52

polis (city) 城邦。参看 rationality; Vernant

Polybus 波利布斯 (disciple of Hippocrates)（希波克拉底的弟子）, 50

Popper, K. 波普尔, 81（误，应为 51——中译者注）, 第四章注释 14

positivism 实证主义 92

positivity 实证性, 57–58, 62。另请参看 Comte; secularization

Presocratics 前苏格拉底/前苏格拉底思想家: alternatives to the name

"Presocratics," "前苏格拉底" 名称的替代选项, 30; chronological vs. typological interpretation of the term, "前苏格拉底" 一词的"时代的 / 类型学的"解释, 28; as distinguished from non-Socratic philosophers, 作为与非苏格拉底哲学家的区分, 28; as distinguished from Preplatonic philosophers, 作为与前柏拉图哲学家的区分, 21–23; as distinguished from pre-Socratics, 与"苏格拉底之前"的区分, 1–2, 14–15, 19; as Prearistotelians, 作为前亚里士多德思想家, 30; as precursors of modern science, 作为现代科学的先驱, 22–23; as scientists, 作为科学家, 35–40; and the transmission of their works, 他们著述的流传, 32–33

publicity (public space) 公共性（公共空间）, 57–58, 61–62

Pythagoras 毕达哥拉斯, 10, 17, 25, 35, 43, 74, 77, 87–89, 91

Pythagoreans 毕达哥拉斯学派, 15, 20, 22, 28–29, 43, 88, 第四章注释 4

Rationality 理性: as daughter of the city (*polis*), 城邦的女儿, 57, 59–61, 第三章注释 8; forms of, 理性的诸形式 65–66; and great religions, 理性与伟大宗教, 63–64; specificity of Greek, 希腊人的特殊性, 55; as a way of life, 理性作为生活方式, 64–66; Western, 西方的理性, 60–61, 63。另请参看 Gernet; Meyerson; Vernant; Weber

Rationalization 理性化, 36, 52, 54, 60, 63–65, 67

Reflection 反思, 55, 59

Renan, E. 勒南, 55, 74

Rupture 断裂。参看 continuity/rupture

sage (*sophos*) 贤人, 10, 35, 47; 七贤, 10

Schleiermacher, F. 施莱尔马赫, 19–20

Schopenauer, A. 叔本华, 22–24, 27

Secularization 世俗化, 57, 72

Socrates 苏格拉底, ix, 1–2, 4, 6–21, 24, 26, 28–32, 34–40, 42, 45, 48, 75, 76;Socratic-Ciceronian vs. Platonic-Aristotelian perspective 苏格拉底 – 西塞罗式的传统与柏拉图 – 亚里士多德式的传统, 1, 2, 12, 26, 29–30, 44, 79

Solon 梭伦, 44

sophistês 智者 / 专家。参看 Sophists

Sophists 智者 / 专家, 4, 17, 19–21, 45, 第二章注释 12; meaning of *sophistês*, 智者 / 专家的含义 47–48

Specialization 专门化, 42, 45。另请参

看 differentiation

Spencer, H. 斯宾塞, 37

Synchronism 同步, 76, 第五章注释 30

Teleology 目的论。参看 history

Thales 泰勒斯, 15–17, 22, 23, 41, 51–53, 73–77, 86

Theodoros Prodromos 特奥多·普罗德罗莫斯, 33

Theodorus of Cyrene 昔兰尼的特奥多鲁斯, 40

theogony 神谱, 15, 29, 70

Theophrastus 特奥弗拉斯特, 71, 72, 74, 82

theôria (theory) 理论, 10, 23, 26, 29, 46, 52, 61, 65, 88

things/concepts 事物 / 概念, 1

Tucydides 修昔底德, 44, 63

Totality 总体, 4, 6, 40, 49, 52

Tzetzes, John 约翰·蔡策斯, 33

Vernant, J.-P. 韦尔南, 55–62, 65, 67, 73, 第四章注释 36、注释 38 和注释 39

Wagner R. 瓦格纳, 24

Weber M. 韦伯, 37, 59–66, 95, 111n46

Wirkungsgeschichte (reception history) 效果史（接受史）, 84

world order 世界秩序。参看 *kosmos*

Xenophanes 克塞诺芬尼, 35, 77–78, 88

Xenophon 色诺芬, 1, 4, 7, 8, 11–12, 45; *Memorabilia*,《回忆苏格拉底》, 4, 8, 11

Zeller, E. 策勒, 20–21, 28, 30, 82, 92, 第二章注释 10, 注释 12, 第六章注释 60

Zeno of Elea 爱利亚的芝诺。参看 Eleatics/Eleatism

译后记

本中译文处理的各种古代文本参考了学界已有的诸多译本，例如吴永泉翻译的色诺芬《回忆苏格拉底》（商务印书馆，1986），柏拉图的各种中译本，王晓朝翻译的《柏拉图全集》（人民出版社，2018）中的《斐多》《吕西斯》《申辩》，徐学庸翻译的《〈米诺篇〉〈费多篇〉译注》（北京大学出版社，2015），对此特致谢意，更多学术文献的翻译始终是站在前辈学者成果上的积累。但本中译文对所有古代文本词句的翻译，首先还是忠实于拉克斯与莫斯特在本书中对古希腊文提供的英译文，该书提供的古典语言词句，本译文也全部保留，供读者参考。

本书在2006年即以法文出版，彼时曾粗粗翻阅，但以我的法语能力无法承担完整的翻译工作。我在华侨大学工作期间，2018年以"洛布版《早期希腊哲学》译注"为题申请国家社会科学基金课题并获立重点项目（18AZX014），此后与拉克斯教授一直就相关工作以及学术问题多有讨论。其间他谈及此书早有中译意向，但译事因各种原因延宕未决。彼时本书即将出版英译本，我答应拉克斯教授依据英译本将其翻译为中文。2019年在英译本正式面世前，拉克斯教授将尚在普林斯顿大学出版社三校之中的译稿发给我，惠允我根据英译本翻译此书。承接这个小册子的翻译，一方面在学术上非常有助于我对洛布版《早期希腊哲学》的译注工作，另一方面也可以作为我所承担的国家社科基金项目必须提交的阶段性成果。当然，也确实要感谢国家社科基金立项对我与拉克斯教授这一学术合作的促成，以及实打实的支持。

在翻译过程当中，拉克斯教授与我多有沟通，为我解答了不少疑难，甚至与我共同讨论某些中译表述。例如为了确定第六章的标题"What is at stake?"到底如何翻译为中文，我们之间有五六次邮件往还。这一章以卡西尔和伽达默尔为例，分析比较现代学术当中前苏格拉底哲学研究乃至哲学史研究的现象学模式和理性主义模式，力图说明这两种传统在当代哲学中的不同效应。这一章所描述的卡西尔和伽达默尔对希腊哲学的不同态度与研究方式，我认为恰恰对应了我们国内长期以来对英美哲学和欧陆哲学形成的习见区分，因此曾拟将本章标题意译为"分析传统与欧陆传统的异同"。拉克斯教授在一定程度上也同意当代欧陆和英美的古希腊哲学研究存在着类似差异。不过他认为，尽管这一章只是以两位德国哲学家为例，但他们之间存在着的差异和区分，同时体现在欧陆哲学和英美哲学之中，而并非代表着所谓分析传统和欧陆传统的对立。而且他认为，我们更应该避免在哲学研究和哲学史研究里先行做出所谓欧洲大陆和英美分析这两种立场的机械划分。因此在讨论了多个译名之后，第六章的标题最终还是采取了从字面直译的方式，虽然不一定能够直接表达这一章的内容和意图，但很可能也表明这里探讨的主题确实是值得谨慎对待的重大关切。类似这样的讨论还有很多。拉克斯教授也经常向我询问对他的诸多观点有何想法，甚至超出本书主题之外，了解中国的专业研究者乃至一般学界对西方古代哲学的各种研究成果、方法、立场和态度。因此翻译本书的过程，实际上也是一个学术讨论和跨文化交流的过程。对我来说，已经不仅仅是一个研究成果转译的过程，而是一种真正的学术讨论。其间很多收获与感想，值得在其他的场合再做呈现。

蒙北京大学哲学系吴天岳教授推荐，承北京大学出版社接受本译著的出版，王晨玉女士、张文礼先生为此付出了很多辛劳，甚至在春节将近之际还在为此操持。拉克斯教授提供了作者的版权许可，并帮助解决了法文原版、英译版本的版权问题。北京大学出版社的吴敏、徐丹丽两位编审老师指出了译稿中存在的不少问题，绝大多数都体现到了最终译本的修订中。对各位同人的工作乃至无私协助，在此一并致谢。没有他们的辛劳与不懈坚持，这本小册子可能不会这么快面世。但译本当中如有任何讹误，最终责任依然在我本人，还请各路方家不吝指教，先致谢忱。

我的硕士研究生赵郁薇同学根据本书英译本复制、转录了参考文献和索引，并认真阅读了中译文初稿，提出了一些修改意见，特表谢意。

常旭旻

2021 年 4 月草撰，9 月修订，厦门